Geschichte der Vorschulerziehung

Europäische Hochschulschriften
Publications Universitaires Européennes
European University Studies

Reihe XI
Pädagogik
Série XI   Series XI
Pédagogie
Education

Bd./Vol. 326

PETER LANG
Frankfurt am Main · Bern · New York · Paris

Jürgen Schäfer

Geschichte der Vorschulerziehung

PETER LANG
Frankfurt am Main · Bern · New York · Paris

CIP-Kurztitelaufnahme der Deutschen Bibliothek

Schäfer, Jürgen:

Geschichte der Vorschulerziehung / Jürgen
Schäfer. – Frankfurt am Main ; Bern ; New
York ; Paris : Lang, 1987.
   (Europäische Hochschulschriften : Reihe 11,
   Pädagogik ; Bd. 326)
   ISBN 3-8204-0991-2
NE: Europäische Hochschulschriften / 11

ISSN 0531-7398
ISBN 3-8204-0991-2

© Verlag Peter Lang GmbH, Frankfurt am Main 1987
Alle Rechte vorbehalten.

Das Werk einschließlich aller seiner Teile ist urheberrechtlich geschützt.
Jede Verwertung außerhalb der engen Grenzen des Urheberrechtsgesetzes ist ohne Zustimmung des Verlages unzulässig und strafbar. Das
gilt insbesondere für Vervielfältigungen, Übersetzungen, Mikroverfilmungen und die Einspeicherung und Verarbeitung in elektronischen
Systemen.

Druck und Bindung: Weihert-Druck GmbH, Darmstadt

Dem Andenken meiner lieben Mutter

in Dankbarkeit gewidmet

Inhalt:

		Seite
I.	Einleitung	10
II.	Zur Geschichte der vorschulischen Erziehung	
	1. Die Entdeckung des Kindes zur Zeit der Aufklärung	12
	1.1. Die traditionelle Sicht des Kindes	12
	1.2. Die Entdeckung des Kindes	16
	1.3. Jean Jacques Rousseau	20
	1.4. Johann Heinrich Pestalozzi	27
	2. Die Gründung der ersten Kleinkinderschule - Friedrich Oberlin und Robert Owen -	29
	2.1. Erste Einrichtungen vorschulischer Erziehung	29
	2.2. Friedrich Oberlin	30
	2.3. Robert Owen	34

Seite

3. Die Verbreitung der vorschulischen Einrich-   39
tungen in Deutschland im 19. Jahrhundert

3.1. Erste Ausbreitungen vorschulischer Ein-   39
richtungen

3.2. Die Industrialisierung Deutschlands und   41
die damit verbundenen gesellschaftlichen
Veränderungen

3.3. Der Wandel der sozialen Situation des   44
Kindes - Der Einfluß der industriellen
Revolution

3.4. Die Einsicht in die Notwendigkeit einer   49
allgemeinen Volksbildung

4. Theorie und Praxis des "Kindergartens" bei   60
Friedrich Fröbel

4.1. Fröbels "Spiel- und Beschäftigungsanstalt"   60

4.2. Die philosophischen Grundlagen   61

4.3. Die entwicklungspsychologischen Grundlagen   64

4.4. Fröbels Spieltheorie   67

4.5. Fröbels Beschäftigungsmittel   69

4.6. Der Kindergarten   72

Seite

5. Caritative Lösungen zur Überwindung der sozialen Not, hervorgerufen durch die Industrialisierung und die zunehmende Verstädterung - Initiativen der evangelischen und katholischen Kirche -   81

5.1. Die evangelische Kleinkinderschule - der Oberlinverein   82

5.2. Der Zentralverband katholischer Kindergärten und Kinderhorte Deutschlands   90

6. Die Theorie der "Pädagogischen Bewegung vom Kinde aus" und ihr Einfluß auf die vorschulische Erziehung - Die Entwicklung der Vorschulerziehung nach 1900 -   92

6.1. Die Grundgedanken der Reformpädagogik   92

6.2. Maria Montessoris "Kinderhaus"   103

6.3. Zum Streit um die Konzeption Maria Montessoris   108

6.4. Zur Theorie des "Schulkindergartens"   113

6.5. Die Auswirkungen der Reichsschulkonferenz von 1920 auf die Vorschulerziehung   116

  Seite

7. Die Weiterentwicklung der Vorschulerziehung   121
   nach dem 2. Weltkriege

7.1. Die Situation nach 1946   121

7.2. Die vorschulische Erziehung in der Bun-   123
     desrepublik

8. Die Bedeutung entwicklungs- und sozial-   129
   psychologischer Untersuchungen für die
   heutige vorschulische Erziehung

8.1. Zum Ansatz der Entwicklungspsychologie   129
     des Kindes

8.2. Zum Ansatz der Intelligenzforschung   132

8.3. Lernpsychologische Erkenntnisse   138

8.4. Zum Ansatz der Sozialisationsforschung   145

8.5. Zur Bedeutung der Familie für den   152
     kindlichen Sozialisationsprozeß

8.6. Zur Sprach- und Sozialerziehung des   156
     Kindes

9. Der Erziehungsauftrag vorschulischer   160
   Einrichtungen - Konsequenzen aus einer
   geschichtlichen Betrachtung

9.1. Vorschulerziehung als Schonraum   160

Seite

9.2. Vorschulerziehung als Ort der sozialen Erziehung 166

9.3. Zur Neugestaltung der vorschulischen Erziehung 173

10. Rückschau 177

III. Anhang:

1. Literaturhinweise 181

2. Personenregister 202

3. Sachregister 204

4. Zeittafel 206

I. Einleitung

Mit dieser Arbeit soll ein Beitrag zur Geschichte der Vorschulerziehung geleistet werden.

In den letzten 15 Jahren ist das Gebiet der vorschulischen Erziehung[1] immer stärker in das Blickfeld des Interesses der pädagogischen Forschung geraten. Doch während bisher hauptsächlich die Beschäftigung mit der gegenwärtigen Situation der Vorschulerziehung[2] erfolgte, wurde der geschichtliche Rückblick weitgehend außer acht gelassen, bis auf einige Quellensammlungen, die 1981 und 1982 erschienen sind.[3]

Da das pädagogische Geschehen mit den Bereichen des Lebens verknüpft ist und erst in diesem Bezug deutlich wird, stellt sich gerade bei einer geschichtlichen Betrachtung der Vorschulerziehung die Aufgabe, das pädagogische Handeln im Zusammenhang mit den gesellschaftlichen, politischen und wirtschaftlichen Bezügen zu verdeutlichen. Das pädagogische Tun einzelner muß aus der Lage der Menschen heraus verständlich werden. Dies bedeutet aber, daß die verschiedensten Wissenschaftsbereiche wie die Geschichte, Philosophie, Soziologie, Theologie und Anthropologie und Psychologie neben der Pädagogik angesprochen und zur Klärung der Zusammenhänge herangezogen und in die pädagogisch-historische Fragestellung mit einbezogen werden müssen.

---

1) In der Bundesrepublik Deutschland wird heute der Begriff Vorschulerziehung in einer dreifachen Bedeutung gebraucht:
1. Er bezeichnet zunächst allgemein die gesamte Erziehung des Kindes in der häuslichen Umgebung und in Einrichtungen, die die Kinder bis zum Schuleintritt besuchen, wie Kinderkrippen, Kindergarten, Kinderheime. Er umfaßt aber auch die Ausbildungsstätten für die Betreuer der Kinder.
2. Im engeren Sinne wird der Kindergarten als Vorschuleinrichtung bezeichnet, den die Kinder vom 3. Lebensjahr an besuchen. 3. Außerdem gebraucht die Schulpädagogik besonders heute diesen Begriff für Einrichtungen, die zwischen Elternhaus und Schule oder Kindergarten und Schule als vorschulische Institutionen geschaffen werden, um mit ihrer Hilfe fünf- und sechsjährige Kinder zur Schulreife zu führen. (vgl. M. Stahl, Bericht über die Vorschulerziehung in der Bundesrepublik Deutschland, in: Blätter des Pestalozzi-Fröbel-Verbandes, 1971, S. 171). In diesem Buch steht der Kindergarten als vorschulische Institution im Vordergrund.

So soll hier der Versuch unternommen werden, die Geschichte
der Vorschulerziehung in ihren Hauptstrukturen aufzuzeigen,
die theoretischen Grundlagen und ihre Verwirklichung in der
Praxis darzustellen, indem die Geschichte der Vorschulerziehung vor allem unter dem sozialgeschichtlichen Aspekt
einer sich wandelnden Gesellschaft aufgezeigt wird.

Die Geschichte der Vorschulerziehung wird so nicht autonom,
sondern als Antwort, als Reaktion auf die gesellschaftlichen
Fragen ihrer Zeit verstanden, wobei die gesellschaftlichen
Zustände sich gleichzeitig wieder formend auf die Verwirklichung der pädagogischen Ideen ausgewirkt haben, denn der
Wandel des gesellschaftlichen Hintergrundes, der Lebensbedingungen der Menschen, sowie vor allem der Wandel in der
Betrachtungsweise des Kindes ist dafür mit verantwortlich,
daß die vorschulische Erziehung, der Gedanke einer eigenständigen Kleinkindpädagogik sich seit dem Ende des 18. Jahrhunderts so stark verbreiten konnte.

2) vgl. Bibliographien zur Literatur zur Vorschulerziehung.
   (Zusammenstellung auf S.   dieses Buches)
3) Dammann, Elisabeth und Pruser, Helga: Quellen zur Kleinkindererziehung, München 1981. Brinkmann, Doris: Pädagogische Texte III, Normen und Institutionen, Teil B: Institutionalisierung von Erziehung am Beispiel: Kindergarten, Stuttgart 1982.

1. Die Entdeckung des Kindes zur Zeit der Aufklärung

1.1. Die traditionelle Sicht des Kindes

Die Grundlagen der modernen Vorschulerziehung liegen vor allem im 18. Jahrhundert. In dieser Zeit vollzieht sich eine Wandlung innerhalb der Pädagogik, die Hinwendung zum Kinde, die ihren Ausgangspunkt in Frankreich nahm.[1]

Um diese Wandlung in der Einstellung dem Kinde gegenüber und ihre Auswirkungen auf die Vorschulerziehung zu kennzeichnen, ist ein kurzer Rückblick auf die Antike notwendig, denn die Auffassung vom Kinde, die dort herrscht, hat sich - in verifizierter Form - über das Mittelalter hinweg bis in das 17. und 18. Jahrhundert hinein erhalten.

Nach Aristoteles' Auffassung ist das Kind nicht in der Lage, die Vernunft zu benutzen, um zur Tugend zu gelangen, die Aristoteles als höchstes Gut des Menschen[2] ansieht, so sieht Aristoteles die Kindheit als ein Unglück im menschlichen Leben an, vergleichbar mit Krankheit und Schicksalsschlägen.

Die Kindheit darf nicht sich selbst überlassen bleiben, denn in ihrem Wesen gleicht sie dem Teil der menschlichen Seele, die maßlos, unbeständig und unersättlich ist und den Bereich des Wunsches darstellt, der zugleich aber auch der Vernunft Nahrung gewährt. Das Kind kann erzogen und muß erzogen werden, ja, es will selbst erzogen werden. Es soll vom Irrationalen zum Rationalen geführt werden.

Das Kind wird so lange nicht als eigenes Individuum angesehen, bis es herangewachsen ist. Es gehört vollkommen dem Erwachsenen als dessen Teil es betrachtet wird. Da das Kind

---

[1] G. Snyders: Die große Wende in der Pädagogik, Paderborn 1972.

[2] Aristoteles, Nicomachische Ethik, III, 12. Vgl.: E. Lichtenstein: Aristoteles: Über Erziehung, in: Behauptung der Person, Festschrift für H. Bohnekamp, Weinheim 1963, S. 247-260.

und der Erwachsene nicht als gleichwertig anerkannt werden, gibt es auch keine Regelungen, die das Rechtsverhältnis zwischen dem Erzieher und dem Kind regeln könnten. Das Kind ist eigentlich rechtlos, nur dadurch, daß der Erwachsene dem Teil des eigenen Ichs keinen Schaden zufügen wird, weil er sich selbst nicht schaden will, ist das Kind vor Unrecht geschützt.

Der Erwachsene ist das Idealbild, zu dem das Kind hingeführt werden soll. Die Tugenden, zu denen das Kind gelangen soll, wie Gerechtigkeit, Enthaltsamkeit und Mut[3], sind ihm schon angeboren, doch ohne den Verstand besteht die große Gefahr, daß sie in entgegengesetzter Weise erscheinen werden. Der Wert der Kindheit liegt für Aristoteles besonders in den Möglichkeiten, die in dieser Kindheit enthalten sind.[4]

Aristoteles' Auffassung vom Kinde wirkte sehr stark auf die christliche Erziehungslehre, wie sie von Augustinus und Thomas von Aquin vertreten wurde.

Auch hier wird das Kind mit dem Maßstab des Erwachsenen beurteilt, es wird ihm kein eigenes Recht zugebilligt, Kind zu sein. Es ist das Unvollkommene, das neben dem Erwachsenen nicht bestehen kann.

Bei Augustinus tritt nun jedoch besonders ein Gedanke neu hinzu, der sich entscheidend auf die gesamte Auffassung vom Kinde auswirkte: die Lehre von der Erbsünde. Das Kind ist von Geburt an mit Sünden belastet. Seine sündigen Eigenschaften äußern sich in seinen Handlungen, in seinem Verhalten. Sie werden in seiner Gier, seinem Geiz und Neid sichtbar.[5]

3) Aristoteles, Nicomachische Ethik IV, 13.
4) G. Snyders, a.a.O., S. 140.
5) Diese negative Einstellung gegenüber dem Kinde kann auch nicht dadurch beseitigt werden, daß eingesehen wird, daß Christus die Kinder dem Menschen als Vorbilder hinstellte. Dies wird zwar anerkannt, doch die kindliche Unschuld verneint. Nur weil das Kind so schwach ist, kann es das Böse, das in ihm steckt, nicht ausführen, kann es sich nicht gegen Gott wenden. Auf pädagogischer Ebene folgt daraus, daß die Erziehung des Kindes, trotz aller Liebe, die es hervorruft, durch strenge Regeln erfolgen muß, die sich oft gegen die Wünsche des Kindes wenden. (vgl. G. Snyders, a.a.O., S. 144).

Hinzu tritt aber andererseits auch der Gedanke der Unschuld und Schutzbedürftigkeit des Kindes.[6] Die Kinder dürfen nicht einfach dem Leben der Erwachsenen ausgesetzt werden. Die Unschuld des Kindes muß erhalten und geschützt werden, bis es herangewachsen ist.

Dieser Gedanke findet seine Grundlage ebenfalls in der Bibel, im Neuen Testament[7] und ist besonders von Clemens von Alexandrien aufgedeckt worden.[8] Vorherrschend blieb aber die Auffassung, daß sich gerade auch darin die Selbsterniedrigung Christi zeigte, daß er als schwaches Kind auf die Erde kam. Diesem Kinde galt aber andererseits auch immer wieder die Verehrung, die sich besonders im deutschsprachigen Raum im 14. und 15. Jahrhundert in der Darstellung von Bild- und Andachtsmotiven zeigt.[9]

Diese Auffassung ist auch dafür mitbestimmend, daß in der Literatur des Humanismus gefordert wird, sich um das Kind zu kümmern. Das Kind hat an der Würde des Menschen Anteil, es darf nicht verachtet werden, weil auch Christus die Kinder nicht zurückgewiesen hat.

Erasmus sieht das Kind als unschuldig an, doch andererseits fehlt dem Kinde die Bildung und die Frömmigkeit. Das Großartige des Kindes liegt nicht darin, daß es Kind ist, sondern in den Möglichkeiten, die in ihm vorhanden sind. Sein Geist wird mit ungeritztem Wachs verglichen.[10] Doch

6) Vgl. A. Flitner und W. Hornsteiner: Kindheit und Jugend in geschichtlicher Betrachtung, in: Zeitschrift für Pädagogik, Bd. 10, 1964, S. 311-339.
7) Vgl. G. Kittel, Theologisches Wörterbuch zum Neuen Testament, Bd. V, 645ff.
8) Vgl. E. Lichtenstein, Der Logos als Pädagoge, in: Bildungsgeschichtliche Perspektiven, Ratingen 1962, S. 24ff.
9) Vgl. H. Wentzel, Ad infantiam Christi - Zu der Kindheit unseres Herrn, in: Das Werk des Künstlers, hrsg. v. Hans Fegers, Stuttgart 1960, S. 134ff.
10) Vgl. A. Flitner und W. Hornstein: Kindheit und Jugend in geschichtlicher Betrachtung, a.a.O., S. 321.

das Kind ist auch von dem Bösen bedroht. Aufgabe der Erziehung muß es sein, dieses Böse unter allen Umständen von ihm fern zu halten.[11] Das Kind wurde darum vor allem beobachtet und genau kontrolliert. Jegliche besondere liebevolle Hinwendung zum Kinde wurde vermieden. Es sollte vor jeglicher Verzärtelung bewahrt bleiben. Von dem Bereich der Erwachsenen mit seinen Unterhaltungen und Vergnügungen wurde es ferngehalten.

Gegenüber dieser Haltung, die die Erziehung des Kindes nach strengen Regeln führen will, tritt die Auffassung vorerst in den Hintergrund, die in dem Kult "ad infantam Christi" besonders seit dem 14. und 15. Jahrhundert in den Portraits von Kindern, später in der Barockmalerei und den Plastiken des Barocks - so in den Puttenfiguren - und in der Herausbildung einer Kinderfrömmigkeit durch die starke Beschäftigung mit Kinder- und Jugendgeschichten frommer Menschen und der starken Betonung der Bedeutung der Konfirmation und der Erstkommunion zum Ausdruck kommt.

Bei den verschiedenen Strömungen, die so zusammen bestehen, bleibt bis zum 17. und 18. Jahrhundert die Auffassung vom Kind und seiner Erziehung vorherrschend, die ihre Wurzeln letztlich in der Betrachtung des Kindes als kleinem Erwachsenen hat. Die Erziehung des Kindes wird überwiegend mit den Maßstäben der Erwachsenen gemessen und kann mit ihren strengen Regeln nur gegen die Wünsche des Kindes durchgesetzt werden.

11) Es entsteht eine eigene Literatur, die sich an die Eltern wendet und Erziehungsratschläge erteilt, so bei Erasmus und bei den französischen Moralisten. Besonders bekannt geworden sind auch die Werke von J.A. Comenius, der sich neben der allgemeinen Erziehung der Kinder und Jugendlichen besonders für die Erziehung der Kleinkinder einsetzte und auch schon eine Gemeinschaftserziehung kleiner Kinder im vorschulischen Alter forderte, so vor allem in der "Informatorum der Mutter Schul" und seinem Alterswerk "Pampudia" (Vgl. H. Geißler: Comenius dachte als erster die Idee des Kindergartens", in: Evangelische Kinderpflege, Witten 65, 1957, S. 11-14.

1.2. Die Entdeckung des Kindes

Ein allgemeiner Umschwung in dieser Auffassung tritt erst im 17. und besonders im 18. Jahrhundert ein, im Zusammenhang mit den Veränderungen, die sich in allen Lebensbereichen vollziehen.

Dieses Zeitalter wird von der "Aufklärung" geprägt, einer Bewegung, die ganz Europa ergriff und ihren Ausgangspunkt in den verschiedensten Strömungen des 17. Jahrhunderts, vor allem den französischen Rationalismus und englischen Empirismus, nahm. Die ratio, die Vernunft, wird als das Prinzip angesehen, mit dessen Hilfe sich eine allgemeingültige Erkenntnis der Dinge erlangen läßt.[12] Die Erkenntnisse werden dabei vielfach aus der Sinneserfahrung, der Empirie, hergeleitet. Diese neue Bewegung wendet sich dem Menschen als Individuum zu, das aus den Zwängen, die es im staatlichen, geistigen und kirchlichen Bereich bisher einengten, befreit werden soll. Der Einzelmensch erscheint im Mittelpunkt des Interesses, ihm bringt man ein fast unbegrenztes Vertrauen entgegen. Im Namen der Vernunft wird ihm Freiheit und Würde zuerkannt, der Erziehung der größte Einfluß zugesprochen.

Im philosophischen Bereich tritt die Metaphysik in den Hintergrund. Fragen des menschlichen Fortschritts, der Sittlichkeit, des Glückes und des Nutzens für die Menschen werden nun vor allem behandelt, die freie Entfaltung der menschlichen Persönlichkeit gefordert. Die Gelehrten schreiben ihre Abhandlungen nicht mehr in der lateinischen Sprache, sondern in der Landessprache, leichter faßlich für einen weiten Kreis der Bevölkerung, für die "Gebildeten", d.h. die durch die Vernunft aufgeklärten Menschen. Die Lehren von Locke, Hobbes, Descartes, Spinoza, Leibnitz und Grotius sind so weiten Volksschichten zugänglich.[13]

---

12) Vgl. H. Scheuerle: Artikel "Aufklärung", in: Neues Pädagogisches Lexikon, hrsg. v. H.H. Groothoff und M. Stallmann, Stuttgart ^{5}1971, Sp. 50ff.

13) Vgl. Die Aufklärung des 18. Jahrhunderts, Ihre Grundzüge, in: Grundriß der Geschichte II, hrsg. von G. Bonwetsch, Stuttgart 1960, S. 126ff.

Eine allgemeine Verweltlichung tritt ein, die besonders
auf theologischem Gebiet sichtbar wird. Hier wirkt vor allem
der Deismus, der nur noch an der Vorstellung eines Gottes
festhält, der die Welt geschaffen hat. In Gott sieht man
die Quellen des Guten. Die Existenz Gottes kann der Mensch
mit Hilfe der eigenen Vernunft aus dem Bau des Weltalls
erkennen, der geoffenbarte Gott der Bibel wird jedoch ebenso abgelehnt wie die Bibel oder die Sakramente. Ebenfalls
wird die Erbsünde verneint. An Stelle des Sündenfalls
tritt ein naturhafter Urzustand. Die Auswirkungen dieser
Lehre zeigen sich darin, daß die Natur nun nicht mehr als
das angesehen wird, was die Schlechtigkeit im Menschen hervorruft. Jetzt wird vielmehr die Ursache des Bösen, das sich
immer wieder im menschlichen Wesen äußert, in einer schlechten Erziehung, in schlechten Beispielen anderer Menschen
und in schlechten Gesetzen gesehen. Damit tritt der Bereich
des Staates, der Gesellschaft und vor allem der Erziehung
stärker in den Mittelpunkt des Interesses.[14]

Die Säkularisierung wird besonders auf politischem Gebiet
deutlich, der Zusammenhang zwischen staatlichem und religiösem Bereich löst sich immer stärker auf. Die ungehinderte
Entfaltung der Persönlichkeit, sowie die religiöse Toleranz
sollen gesichert werden. Einer der wichtigsten Gedanken der
Aufklärung, der im Anschluß an die Lehren von Hobbes, Locke
und Grotius entwickelt wurde, ist die Idee des Staatsvertrages, in dem sich das veränderte Verhältnis des einzelnen
zum Gesamtwesen spiegelt.[15] Der Staat besteht nach dieser
Auffassung aus einem Zusammenschluß von selbständigen Individuen. Regierung und Untergebene stehen in einem gegenseitigen Vertragsverhältnis.

14) Die Grenzen der Aufklärung hat der deutsche Philosoph
  Immanuel Kant aufgezeigt, der als Vollender und Überwinder der Aufklärung gilt. Er verweist darauf, daß der
  Vernunft feste Schranken gesetzt sind. Sie könne wohl
  in die Naturgesetze und die Gesetzmäßigkeit der Mathematik eindringen, wo es sich aber um Gott und die Freiheit
  des menschlichen Willens handele, da versage die Vernunft
  und müsse dem Glauben sein Recht lassen.
15) Vgl. A. Reble, Geschichte der Pädagogik, Stuttgart 1971,
  S. 130ff.

Diese Lehre, die sich erst nach und nach in der Praxis durchsetzen konnte, führte dazu, daß sich absolutistische Staaten auf dem Weg über den "aufgeklärten Absolutismus" und schließlich besonders auf Grund der Französischen Revolution zu Republiken entwickelten. [16)]

Gleichzeitig änderte sich unter dem Einfluß der Aufklärung die Einstellung der Herrschenden gegenüber ihren Untertanen. Sie fühlten sich jetzt stärker für ihre Untergebenen verantwortlich. Ihre soziale Fürsorge spiegelt sich darin, daß nicht nur der wirtschaftlichen Entwicklung[17)] und damit dem Wohlstande der Bürger verstärkt Aufmerksamkeit geschenkt wurde, sondern daß vor allem durch die Gründung von Erziehungs- und Sozialeinrichtungen wie Waisenhäusern, Spitälern und Schulen etwas für das Wohl und den Bildungsstand des Volkes getan werden soll.

Im gesellschaftlichen Bereich führt diese Entwicklung dazu, daß das Bürgertum immer stärker an Bedeutung gewinnt. Es wird im 18. Jahrhundert nicht nur wirtschaftlich, sondern auch kulturell zu der Schicht, von der die wichtigsten Impulse ausgehen. Das Bürgertum erlangt eine Macht, dessen Bedeutung besonders auf pädagogischem Gebiet mit der Forderung nach allgemeiner Volksbildung sichtbar wird. Das Verlangen nach einem gleichen Bildungsrecht für alle führt dazu, daß das Bildungswesen immer mehr in die Hände des Staates übergeht.[18)] Das Schulwesen wird gefördert, neue Schultypen

16) Dieser Prozeß vollzieht sich zuerst in England mit der "Glorious Revolution" von 1688, sodann in Holland, 1789 in Frankreich, in der Schweiz und später in Deutschland.

17) So wird der Merkantilismus mit seiner starken Lenkung der Wirtschaft allmählich durch den Physiokratismus abgelöst, der der privaten Wirtschaft größeren Spielraum gewährt. In Deutschland ist Friedrich II., in Österreich Josef II. ein Beispiel für einen aufgeklärten Monarchen. Allgemein blieb jedoch ein Gegensatz zwischen den theoretischen Gedanken der Philosophen der Aufklärung und der Verwirklichung in der Praxis bestehen, die weiterhin oft von Machtstreben gekennzeichnet war.

18) Diese Tendenz wird in Deutschland vor allem in Preußen im Generallandschulregiment von 1763 sowie in Frankreich im Einheitsschulplan Condacets von 1792 sichtbar.

entstehen.[19)]

Neben diesen organisatorischen Veränderungen auf dem Gebiete des Bildungswesens ändert sich im pädagogischen Bereich unter dem Einfluß der Aufklärung vor allem die Haltung gegenüber der Kinde. Im Gegensatz zur Lehre des Aristoteles und der vorherrschenden traditionellen Auffassung wird das Kind nun nicht mehr als kleiner Erwachsener, sondern als ein in allen Entwicklungsphasen ernstzunehmender Mitmensch anerkannt.

Dieser Auffassung zum Durchbruch verholfen zu haben, ist besonders ein Verdienst Jean Jacques Rousseaus sowie der Ausbreitung der Psychologie, insbesondere der Kinderpsychologie seit Rousseau.

19) So werden in Deutschland Philantropien, Realschulen und Industrieschulen gegründet.

1.3. Jean Jacques Rousseau

Die Anfänge der Kinderpsychologie liegen in der Zeit der Aufklärung[20], sie sind eng mit der pädagogischen Bewegung verknüpft, die mit Rousseau ihren eigentlichen Ausgang nahm.[21] Rousseaus Gedanken über die Erziehung werden letztlich nur vor dem Hintergrund seiner Auffassung von der Bedeutung der Kultur und des Staates deutlich.

Seinen Ruhm begründete die "Abhandlung über die Wissenschaft und Künste" (1. Discours von 1760), in der Rousseau die Frage verneint, ob die Wissenschaft und Künste zur Läuterung der Sitten beigetragen haben. Er lehnt eine verdorbene Kultur ab und sehnt sich nach dem Echten, dem Einfachen, dem Unverdorbenen, bei der eine Harmonie zwischen dem einzelnen und dem Gesamtinteresse besteht. Dies wird besonders in seinem "contrat social" (von 1762) deutlich, der im selben Jahr erschien wie der große Erziehungsroman "Emile". Nicht nur zeitlich, sondern auch inhaltlich stehen beide Werke in Beziehung zueinander.

In seinem "contrat social" entwickelt Rousseau die Idee eines wechselseitigen Vertrages, der die Grundlage für die staatliche Ordnung darstellt, wobei sich der einzelne unter die Leitung eines übergeordneten Willens stellt, andererseits aber auch die Würde des einzelnen gewahrt bleibt.

Einer Standes- und Berufserziehung stellt Rousseau eine allgemeine Menschenerziehung entgegen. Bei dieser allgemeinen Menschenerziehung (- wie Rousseau sie besonders im Emile darlegt -) gilt Rousseaus besonderes Interesse der Entwicklung des Menschen.

---

20) Vgl. Ch. Bühler und H. Hetzer, Zur Geschichte der Kinderpsychologie, in: Beiträge zur Problemgeschichte der Psychologie, Festschrift zu K. Bühlers 50. Geburtstag, Jena 1929, S. 204ff. sowie: C. Menze, Die Hinwendung der deutschen Pädagogik zu den Erfahrungswissenschaften vom Menschen, Eine geschichtliche Betrachtung, in: Neue Folge der Ergänzungshefte zur Vierteljahrsschrift für wissenschaftliche Pädagogik, Bochum 1966, H. 5, S. 26ff.

21) Vgl. Th. Fritzsch, Die Anfänge der Kinderpsychologie und die Vorläufer des Versuchs in der Pädagogik, in: Zeitschrift für pädagogische Psychologie, Pathologie und

Im Gegensatz zur Lehre des Aristoteles, die auf die traditionelle Auffassung vom Kinde stark eingewirkt hatte, wird von ihm die Kindheit als eine Zeit im Leben des Menschen angesehen, die ihre eigene Bedeutung hat. Die Kinder haben ein Recht darauf, Kind zu sein, bevor sie als Erwachsene leben. "Die Natur will, daß die Kinder Kinder sind, ehe sie Männer werden. Kehren wir diese Ordnung um, so erhalten wir frühreife Früchte, die weder reif noch schmackhaft sind und bald verfaulen: wir haben dann junge Gelehrte und alte Kinder. Die Kindheit hat eine eigene Art zu sehen, zu denken und zu fühlen, und nichts ist unvernünftiger, als ihr unsere Art unterschieben zu wollen."[22]

Rousseau teilt die Entwicklung des Menschen in "Phasen"[23] auf und bringt damit einen Ansatz einer Psychologie des Kindes. So zerfällt sein pädagogisches Hauptwerk "Emile oder über die Erziehung", in dem der junge Emile das Ideal der Erziehungslehre Rousseaus verkörpert, in 5 Bücher, von denen die ersten vier einzelnen Lebensphasen entsprechen: bis zum Sprechen des Kindes, bis zum 12. Lebensjahr, vom 12. bis 15. Lebensjahr und vom 15. - 25. Lebensjahr. (Das 5. Buch handelt von Emiles Frau Sophie). Jede Entwicklungsstufe des Kindes hat ihre eigenen Kennzeichen, die der Erzieher zu be-

---

Hygenie, Bd. 11, 1910, S. 149ff. Erste Anregungen zur Kinderpsychologie gab in England John Locke, der Begründer der empirischen Psychologie. Ansätze finden wir auch in Comenius' Reifungsphasen, die vom "Mutterschoß" bis zum Erwachsenenalter führen und jeweils 6 Jahre umfassen, aber auch schon bei Erasmus und Quintilian und Platon. (Vgl. Ch. Bühler, Zur Geschichte der Kinderpsychologie, a.a.O., S. 205).

22) J.J. Rousseau: Emile oder über die Erziehung, übersetzt von Ludwig Schmidts, Paderborn 1972, S. 69.

23) Vgl. J.J. Rousseau, Emile oder über die Erziehung, a.a.O., S. 69ff.

rücksichtigen hat.[24)]

Rousseau fordert zum Studium der Kindheit auf und weist nach, was die Kindheit für das menschliche Leben bedeutet. Indem er die Entwicklung vom Kind zum Erwachsenen darstellt, zeigt er, daß jede Stufe, die der Mensch durchläuft, ihren eigenen Wert hat.

Jede Entwicklungsstufe des Kindes hat ihre eigenen Kennzeichen, die der Erzieher zu berücksichtigen hat. Bei der Geburt besitzt das Kind nur Bedürfnisse, es braucht im Hinblick auf die Zukunft Kräfte.[25)] Die Vernunft des Kindes ist unterschiedlich von der der Erwachsenen. So ist das Kind von Geburt an nicht so beschaffen, daß man es wie einen Erwachsenen behandeln kann. Leidenschaftlich verteidigt Rousseau die natürlichen Rechte der Kinder und bekämpft alles Unnatürliche in ihrer Behandlung.[26)] Besonders aber wendet er sich an die Mütter und redet ihnen in's Gewissen, ihre Kinder nicht Ammen und Wärterinnen zu überlassen. Er sieht es als Aufgabe der Mütter an, ihre Kinder selbst zu ernähren und zu pflegen. Die Pflichten von Mutter und Kind sind wechselseitig.[27)] Hier klingen Gedanken an, wie sie Rousseau in seiner Staatslehre im "Contrat social" geäußert hat.[28)] Der Erzieher ist jetzt nicht mehr derjenige, der allein etwas gilt, der allein alle Rechte über das Kind hat. Das Kind wird als Partner ernst genommen.

24) Vgl. auch W. Ritzel, Rousseau, in: Neues Pädagogisches Lexikon, hrsg. von H.H. Groothoff und M. Stallmann, a.a.O., Sp. 979ff.
25) Vgl. Art. Rousseau in: Neues Pädagogisches Lexikon, a.a.O., Sp. 979ff.
26) So wendet er sich gegen das Einzwängen der Kinder in Wickelschnüre und Wickelbetten, die dem Kind jeglichen Bewegungsspielraum nehmen.
27) "Ohne Mutter gibt es kein Kind. Die Pflichten sind gegenseitig. Werden sie auf einer Seite schlecht erfüllt, so werden sie auf der anderen vernachlässigt". J.J. Rousseau: Emile, a.a.O., S. 20.
28) Diese Haltung wird besonders deutlich, wenn Rousseau dem jungen Emile das Recht zugesteht, mit seinem Erzieher Verträge abzuschließen, die ihr Zusammenleben regeln.

Die sittliche Bildung des Kindes soll sich darauf beschränken, ausschließlich die Natur wirken zu lassen. Die "negative Erziehung" zeigt sich vor allem darin, daß das Kind vor dem Schlechten der Gesellschaft bewahrt werden soll. Jede direkte Erziehung, wie Ermahnungen, Verbote, Befehle und Strafen sind überflüssig, da es in der menschlichen Seele ursprünglich nichts Schlechtes gibt.

Rousseau fordert, daß das Kind allein in der Abhängigkeit von den Dingen gehalten werden soll. Es soll nicht dem Zwang der menschlichen Willkür unterworfen werden, sondern allein dem Zwange der Natur. Diesem Zwange wird das Kind keinen Widerstand entgegensetzen, weil es ihm nicht entgehen kann und wird vor allem in dieser Herrschaft, dieser Sachautorität, keine Launen und keine Willkür einer menschlichen Herrschaft sehen.

Indem Rousseau die Auffassung vertritt, daß der Mensch von Natur aus gut ist, daß in seinem Herzen ursprünglich nichts Verdorbenes ist, daß er eigentlich die Gerechtigkeit liebt, macht er damit die Verneinung der Erbsünde zum eigentlichen Mittelpunkt seiner pädagogischen Theorie. Schwierigkeiten und Widerstände, die beim Kinde auftreten, sind für ihn nicht Hinweise auf die Erbsünde, sondern Zeichen der Schwächen des Kindes.

Es ist Rousseaus Verdienst, daß er gefordert hat, daß sich die Liebe zum Kinde, "die bis dahin verdeckt und durch neuere Gebräuche und tausend Zwänge erstickt war, frei ausdrücken möge. Diese Überzeugung war es, die seine Zeitgenossen nun in vollem Licht wiederfinden, und die sie schon mehr oder weniger gefühlt hatten, was den ungeheuren Erfolg Rousseaus ausmachte."[29)]

Indem Rousseau der Eigenständigkeit des Kindes, diesem Eigenrecht der Kindheit - vor allem durch seine Schrift "Emile" - eine solche Geltung verschaffte, schuf er die Voraussetzung für jede eigenständige Kinderpsychologie und Kleinkinderpädagogik.

29) Snyders, a.a.O., S. 215.

Der psychologische Aspekt wird auch dadurch hervorgehoben, daß Rousseau fordert, das Kind gemäß seinem Alter zu behandeln. Bei Rousseau herrscht eine Einheit von Aufwachsen, Lernen und Erziehen.[30] Rousseau sieht innere Entwicklungsgesetze des Menschen, einen fortschreitenden Prozeß, der für jede Entwicklungsstufe eine dieser Stufe eigentümliche Reife hervorbringt. Von dieser psychologischen Sicht her ist es letzten Endes begründet, daß Rousseau in der Kindheit etwas dem Erwachsenensein Gleichwertiges sieht.[31]

In der Nachfolge von Rousseaus "Emile" (1762) erlebte die Kinderpsychologie in Deutschland in der Zeit von 1780 bis zum Beginn des 19. Jahrhunderts eine erste Blütezeit.

Hier gilt Dietrich Tiedemann, der auch ein Handbuch der Psychologie herausgab, als Begründer der Kinderpsychologie.[32] 1787 erschienen seine "Beobachtungen über die Entwicklung der Seelenfähigkeit bei Kindern"[33], ein Tagebuch, das eine Beschreibung der ersten drei Lebensjahre seines Sohnes Friedrich enthielt. Damit wird in der Psychologie ein entscheidender Schritt zur systematischen Beobachtung der Entwicklung von Kindern vollzogen.

30) Vgl. L. Salber, Entwicklung und Erziehung, in: H.H. Groothoff, Einführung in die Erziehungswissenschaft, Ratingen 1976, S. 56.
31) Vgl. J.J. Rousseau, Emile oder über die Erziehung, übersetzt von Ludwig Schmidts, Paderborn 1972, S. 69.
32) Vgl. Ch. Bühler und H. Hetzer, Zur Geschichte der Kinderpsychologie, a.a.O., S. 209.
33) D. Tiedemann, Beobachtungen über die Entwicklung der Seelenfähigkeiten bei Kindern, in: Hessische Beiträge zur Gelehrsamkeit und Kunst, 1787.
Vgl. auch: C. Menze, Die Hinwendung der deutschen Pädagogik zu den Erfahrungswissenschaften vom Menschen, a.a.O., S. 24.

Th. Fritzsch hat 1910 nachgewiesen, daß Tiedemann von Rousseau und von den Philantrophen beeinflußt war, so von Ernst Christian Trapp, der 1780 in seinem Werk "Versuch einer Pädagogik"[34] einen Ansatz der Theorie der Beobachtung von Kindern entwickelte und dazu aufforderte, die geistigen, moralischen und physischen Kräfte der Kinder zu erforschen. Vertreten wurde die Forderung nach einer Kinderpsychologie auch von einem Leipziger Gelehrten, Johann Karl Wenzel, ferner von J.H. Campe, der 1785 einen Preis von 85 Dukaten für die beste Arbeit zur Beobachtung von Kindern aussetzte[35], sowie von von Karl Phillip Moritz, der von 1783 an ein "Magazin der Erfahrungsseelenkunde" herausgab. Auf K. Ph. Moritz stützte sich J. Chr. A. Grohmann, der 1817 die "Ideen zu einer Geschichte der Entwicklung des kindlichen Alters"[36] veröffentlichte und in ihnen verdeutlichte, daß es nicht allein darauf ankommt, nur die einzelnen Teilbereiche der menschlichen Entwicklung zu sehen und sie zu benennen, sondern zugleich das Ganze der menschlichen Entwicklung im Auge zu behalten.[37] Damit vertritt Grohmann eine Auffassung, die auch heute noch in der Entwicklungspsychologie bestimmend ist.

Mit der Entwicklung des Kindes beschäftigte sich auch F.H. Chr. Schwarz im 2. und 3. Band seiner Erziehungslehre (erschienen 1804 bzw. 1808), in denen er die Entwicklung des Kindes

34) E. Chr. Trapp, 1745-1818, Professor für Pädagogik in Halle. Vgl. auch Th. Fritzsche, Trapp, Dresden 1900.
35) Vgl. Th. Fritzsche, Die Anfänge der Kinderpsychologie und die Vorläufer des Versuchs der Pädagogik, Z. f. Pädagogische Psychologie und Hygiene, XI, 1910, S. 158.
36) J. Chr. A. Grohmann, Ideen zu einer Geschichte der Entwicklung des kindlichen Alters, Psychologische Untersuchungen, Elberfeld 1917.
37) J. Chr. A. Grohmann, Ideen zu einer Geschichte der Entwicklung des kindlichen Alters, a.a.O., S. 3f. Vgl. auch L. Salber, Entwicklung und Erziehung, in: H.H. Groothoff, Einführung in die Erziehungswissenschaft, Ratingen 1976, S. 59.

skizziert.[38] Auch Schwarz zeigt auf, daß der Mensch in seiner Entwicklung Stufen durchlaufen muß. In seinem System der Erziehung trennt Schwarz (1804) die psychologische und pädagogische Fragestellung. Er führt die psychologischen Bedingungen zuerst auf und zeigt dadurch schon indirekt, daß sie pädagogischen Fragestellungen oft vorausgehen müssen, um pädagogisches Handeln zu begründen.

Die Kinderpsychologie erlebte so unter dem Einfluß von Rousseau um 1800 eine erste Blüte. Ihre Auswirkungen werden in der pädagogischen Auffassung von Fröbel bis hin zur Reformpädagogik um 1900 sichtbar.

---

38) In Bd. 2 (1804) reicht die Skizzierung bis zum 4. Lebensjahr, in Bd. 3 (1808) vom 4. Lebensjahr bis zur Reife.

1.4. Johann Heinrich Pestalozzi

Der Einfluß von Rousseaus "Emile" bewirkte, daß sich in der Schweiz Johann Heinrich Pestalozzi dem Leben auf dem Lande zuwandte[39] und 1774 auf dem "Neuhof" eine Armenanstalt gründete. Pestalozzi wollte dort armen Kindern eine Heimat geben, sie in gewerblicher Arbeit ausbilden und ihnen zugleich eine gute Erziehung und Schulbildung vermitteln. Doch dieses Werk scheiterte 1779, da die finanziellen Mittel nicht ausreichten. Beispielhaft wurde vor allem Pestalozzis Versuch, Kindern, die während der Kämpfe zwischen Franzosen und Schweizer beim Einmarsch der Franzosen in die Schweiz 1792 ihre Eltern verloren hatten, in Stanz eine neue Heimat zu geben. Die Erfahrungen, die er in seinem Waisenhaus sammelte und die er in seinem "Brief an einen Freund über meinen Aufenthalt in Stanz"[40] niederlegte, enthalten wichtige Überlegungen zur Erziehung des Kleinkindes. Der Grundgedanke, der hier auftaucht, ist der Gedanke der "Wohnstubenerziehung". "Jede gute Menschenerziehung fordert, daß das Mutterauge in der Wohnstube täglich und stündlich jede Veränderung des Seelenzustandes ihres Kindes mit Sicherheit in seinem Auge, auf seinem Munde und seiner Stirn lese. Sie fordert wesentlich, daß die Kraft des Erziehers reine und durch das Dasein des ganzen Umfangs der häuslichen Verhältnisse allgemein belebte Vaterkraft sei."[41] Pestalozzi weist darauf hin, daß die Erziehung des Kleinkindes schon mit den ersten Lebenstagen beginnt, weil hier die Grundlage der Erziehung liegt. Eine weitere Erziehung kann nur gelingen, wenn dieses wichtige Fundament im kindlichen Leben geschaffen ist. Besonders wichtig ist hier das

---

39) Pestalozzi war vor allem in seiner Jugend ein begeisterter Anhänger Rousseaus.
40) J.H. Pestalozzi: Brief an einen Freund über meinen Aufenthalt in Stanz, Abdruck u. Auszüge in: Pädagogisches Lehrbuch, hrsg. von K. Schild, H. Brühl, H.H. Groothoff, E. Höflich und H. Veersbeck, Frankfurt ^{5}1972, S. 86-91.
41) J.H. Pestalozzi: Brief an einen Freund über meinen Aufenthalt in Stanz, a.a.O., S. 86.

Prinzip der Anschauung. In der häuslichen Umgebung erlebt das Kind die Mutter bei ihrer praktischen Tätigkeit und lernt von ihr die Gegenstände seiner Umgebung, Tiere und Pflanzen in lebendiger Anschauung kennen.

Damit wird deutlich, daß den Erziehern - und hier besonders der Mutter - die größte Verantwortung für die Entwicklung des Kindes zukommt, da die sittliche Elementarerziehung des Kindes die Grundlage jeglicher Volksbildung ist.[42] Solch eine Erziehung, die dazu auffordert, die Bedeutung der Kindheit anzuerkennen, ist bei Pestalozzi von der Einsicht getragen, daß eine Hilfe für die Armen und hier besonders für Kinder, die Not leiden, nur durch eine gute Erziehung kommen kann. Erziehung ist so für Pestalozzi Hilfe zur Selbsthilfe.[43]

In Pestalozzis Werk wird die caritative Sorge für die Schwachen deutlich und eine Liebe zum Kinde, die sich seiner ganzen Tätigkeit wiederspiegelt.

Letztes Ziel der Pädagogik Pestalozzis ist eine allgemeine Menschenbildung, eine religiös-sittliche Erziehung, die die Menschen aller Stände zu allseitig entwickelten Menschen heranbilden soll.

Der bedeutendste Schüler Pestalozzis auf dem Gebiet der Kleinkinderpädagogik - Friedrich Fröbel - hat Pestalozzis Gedanken über die Bedeutung der Erziehung in frühester Kindheit[44] und die Bedeutung der Mutter-Kind-Beziehung aufgegriffen und in seiner Theorie und Praxis des "Kindergartens" mitverwirklicht.

42) Vgl. auch: J.H. Pestalozzi: Lienhard und Gertrud, in: J.H. Pestalozzi, Sämtliche Werke, hrsg. von W. Seyffarth, Liegnitz 1899ff. Bd. XI, S. 597ff.
43) Vgl. auch: J. Gläser: Pestalozzi, in: Pädagogik vom Kinde aus, Weinheim 1960, S. 97.
44) In der letzten Fassung seines Romans Lienhard und Gertrud (1819-26) hat Pestalozzi den Gedanken einer Kleinkindererziehung, die von der Öffentlichkeit getragen wird, geäußert. Dort läßt er den Lehrer davon träumen, daß eine "Notkinderstube" eingerichtet wird, in die arme Mütter ihre Kinder bringen, damit sie tagsüber im Sinne einer Wohnstubenerziehung von älteren Schülerinnen versorgt würden. (vgl. J.H. Pestalozzi, Lienhard und Gertrud, a.a.O., S. 597ff.).

2. Die Gründung der ersten Kleinkinderschulen
— Friedrich Oberlin und Robert Owen —

2.1. Erste Einrichtungen vorschulischer Erziehung

Einrichtungen, in denen Kinder beaufsichtigt werden können, gab es teilweise schon vor 1770, dem Jahr, in dem Pfarrer Oberlin in Steintal seine Kleinkinderschule schuf. Schon im Mittelalter beaufsichtigten in Deutschland "Lehrfrauen" und "Ammen" tagsüber mehrere Kinder. In Holland gab es vor 1770 schon "Spielschulen", in denen die Kinder unter Aufsicht älterer Frauen spielten und auch eine Unterweisung in Stricken und Lesen erhielten. Ähnliche Einrichtungen gab es auch in der Schweiz, Italien, Frankreich und England.[1] Eine erste Theorie einer vorschulischen Erziehung vermittelt Comenius in seinem Alterswerk Pampaedia. Dort nennt er 8 "Schulen", die der Mensch im Leben durchschreiten muß. Nach der "Schule des vorgeburtlichen Wachsens" ist die nächste Stufe die "Schule der frühen Kindheit", die sechs "Klassen" umfaßt: sie reicht von der Klasse des Kindbetts über das Säuglingsalter, das Plappern und die ersten Schritte, das Sprechen und Wahrnehmen, über die Klasse der Sitte und Frömmigkeit bis der "Klasse des Mutterschoßes als erste gemeinsame wirkliche Schule". Im Alter von 4-6 Jahren sollen die Kinder diese Klasse besuchen, in der sie lernen, miteinander zu spielen, gemeinsam zu singen und zu rechnen und gute Sitten und Frömmigkeit zu üben, ihre Sinne und das Gedächtnis zu üben, ohne jedoch Lesen oder Schreiben zu üben. Die Aufsicht sollen ehrbare Frauen ausüben, die bei sich zu Hause Kinder aus der Nachbarschaft betreuen sollen. Die Kosten haben die Eltern zu tragen, die ihre Kinder so auf die Schule vorbereitet sehen möchten. Die Erziehung des Kindes im Alter von 4-6 Jahren dient bei Comenius so nur der Vorbereitung auf die jeweils nächste Stufe. Der Gedanke des Eigenwertes der Kindheit ist ihm noch fremd.[2]

---

[1] Vgl. Weber, Adalbert, Geschichte der Volksschulpädagogik und der Kleinkinderpädagogik, Eisenach 1878, S. 186.
[2] Vgl. Pampaedia, hrsg. von Heinrich Geißler und Klaus Schaller, Comenius Institut, 1960; s. auch: Heinrich Geißler:

2.2. Friedrich Oberlin

1770 wird zum ersten Mal das öffentliche Interesse direkt auf die Notwendigkeit der Errichtung von solchen Einrichtungen gelenkt. [3] Oberlin gibt weniger eine Theorie einer vorschulischen Erziehung, sondern vielmehr praktisches Beispiel, das sich als Vorbild für die Gründung vieler ähnlicher Einrichtungen erwies. Die ersten Kleinkinderschulen wurden nicht in einem Industriezentrum, sondern in einer ärmlichen ländlichen Gegend gegründet. Oberlin, der 1767 Pfarrer in Waldersbach im Steintal im Elsaß wurde, trat 1767 seinen Dienst in einer Gemeinde an, die 5 Dörfer [4] mit ungefähr 1500 Bewohnern zählte. Es war eine Gemeinde, die in den Vogesen an der Grenze des Elsasses zu Lothringen lag. Das Fehlen von Kohle und von Eisenerzen im 17. Jahrhundert hatte im Elsaß die Entwicklung einer Eisenindustrie in größerem Umfange verhindert. [5] Hauptindustrie des Elsasses war im 18. Jahrhundert die Textilindustrie, die sich von Mülhausen aus, das von 1515-1798 zur Schweiz gehörte, allmählich ausgebreitet hatte. Von 1775 an faßte die Textilindustrie vor allem in Colmar Fuß und breitete sich über die Vogesentäler aus. [6]

Comenius dachte als erster die Idee des Kindergartens, in: Evangelische Kinderpflege, 65, 1957, 9, S. 11ff. In Jena veröffentlichte Erhard Weigel 1684 seinen "Unmaßgeblichen Entwurf der überaus vorteilhaften Lehre und Unterweisung, sowohl des Verstandes als auch des Willens durch das Rechnen", in dem er eine Kinderschule der 2-6jährigen forderte.

3) So wurde Oberlins Schaffen 1794 vom Nationalkonvent in Paris gewürdigt. 1829 erhielt seine Mitarbeiterin, Louise Schöpler, den "Großen Preis" der Französischen Akademie für ihr Wirken für die Errichtung von Kinderbewahranstalten.

4) Waldbach, Belmond, Bellefosse, Fondau und Solbach.

5) Vgl. M. Schlenker: Die wirtschaftliche Entwicklung Elsaß-Lothringens, Frankfurt 1931, S. 219.

6) Vgl. A. Waibel: Die Entwicklung der Textilindustrie im Elsaß und M. Schlenker: Die wirtschaftliche Entwicklung Elsaß-Lothringens, Frankfurt 1931, S. 252.

Als Oberlin 1767 ins Steintal kam, gab es in Waldersbach selbst keine Industrie, wohl aber erste Anfänge in der näheren Umgebung, so Eisenwerke und Manufakturen in Rottau, dem Hauptort des Steintales. [7] Die Bevölkerung von Oberlins Gemeinde lebte größtenteils recht kümmmerlich von der Landwirtschaft. Oberlin setzte sich nun dafür ein, daß die landwirtschaftliche Produktion durch neue Arbeitsmethoden gesteigert wurde. Er legte Straßen an und trat für eine Verbesserung des Schulwesens ein. Durch diese Reformen stieg der Wohlstand seiner Gemeinde, besonders als es ihm gelang, Heimindustrie, so vor allem die Weberei, mit Hilfe eines Schweizer Fabrikanten namens Legrand aufzubauen.

Schon zu Anfang seiner Tätigkeit erkannte Oberlin, daß besonders die Kinder dieser sehr armen Gemeinde Not litten. [8] Im Winter 1769 erfuhr Oberlin, daß in seiner Gemeinde ein junges 23jähriges Mädchen, Sara Banzet in Belmont, Kinder um sich sammelte und sie das Stricken lehrte. "Das ist die Geburtsstunde des Kindergartens kombiniert mit dem Kinderhort " [9], denn diese Tätigkeit inspirierte Oberlin dazu, Bewahrungsstätten einzurichten, in denen die Jüngsten spielten, ältere Kinder Stricken und Nähen lernten, darüber hinaus aber auch Mitarbeiterinnen zu gewinnen und sie für ihre Arbeit in der Kinderpflege zu schulen. Damit schuf Oberlin neben der Einrichtung der Kleinkinderschule auch die Grundlagen einer sozialpädagogischen Ausbildung der Frauen, die sich zu einem neuen Berufsstand der Frauen entwickelte. Neben Näh- und Strickschulen, die von Oberlin in jedem Ort seiner Gemeinde ab 1769/70 gegründet wurden und die an zwei Tagen der Woche geöffnet waren, errichtete Oberlin ab

---

[7] Vgl. J. Fr. Oberlins vollständige Lebensgeschichte, hrsg. von Hilpert, Stöber u.a., 2 Bde, Stuttgart 1843, 2. Bd., S. 121.

[8] 1767 wurden 66 Kinder in Oberlins Gemeinde, die 1300 Personen umfaßte, geboren, 20 starben im Alter bis zu 20 Jahren. (Pzcolla, Erich, Louise Scheppler, Mitarbeiterin Oberlins, Witten 1963, S. 45).

[9] Pzcolla, a.a.O., S. 46.

1771 besondere Kleinkinderschulen, die von Kindern im Alter von 4 bis 7 Jahren besucht wurden und in denen sie sich an den Tagen aufhielten, an denen sie die Strickschulen nicht besuchten.[10] Spiele, Gesang, Naturgeschichte, biblische Geschichte, Lesen und Rechnen waren die wichtigsten Beschäftigungen der Kinder. Methodisch ging Oberlin so vor, daß er Anschauungsmaterial anfertigte, auf dem z.B. ein Apfel zu sehen war, darunter stand dann das entsprechende Wort in französischer und deutscher Sprache.[11] Ziel dieser Erziehung war es, die Kinder zu beschäftigen und zu unterrichten und vor jedem Müßiggang zu bewahren, während die Eltern ihrer Beschäftigung in der Landwirtschaft nachgingen. Die Kinder sollten vor allem in der französischen Sprache unterrichtet werden, da sie von Hause aus einen Dialekt[12] sprachen, der sich von der französischen Sprache sehr unterschied.[13]

Die bekannteste Mitarbeiterin Oberlins wurde Louise Scheppler, die Oberlins Einrichtung der Kleinkinderschule weiterführte.

Auch sie ging wie Oberlin vom Prinzip der Anschauung aus, Pflanzenkunde wurde mit Hilfe eines Hebrariums, Tierkunde an Hand von Modellen betrieben. Die Pflanzen und Blumen wurden mit den Kindern sehr ausführlich besprochen, damit die Kinder ihre Bedeutung für die Landwirtschaft kennenlernten, aber auch giftige Pflanzen meiden konnten.

10) Diese Teilung der Schulen wurde auch von Oberlin später nicht immer beibehalten (vgl. Pzcolla, a.a.O., S. 106).
11) Vgl. E. Schering, J.F., Oberlin, Sternstunde der Sozialpädagogik, Bielefeld 1959, S. 15.
12) Dieser Dialekt, "Patois" genannt, geht auf eine Mundart des 12. Jahrhunderts zurück und enthält deutsche Lehnwörter. (vgl. E. Schering, J.F. Oberlin, Sternstunde der Sozialpädagogik, Bielefeld 1959, S. 16).
13) Oberlin predigte in seiner Gemeinde in den verschiedenen Orten, je nach der Zusammensetzung der Bevölkerung sowohl in französischer wie auch in deutscher Sprache, so in Belmont deutsch, in den anderen Orten französisch. (vgl. Schering, a.a.O., S. 15).

Besonderen Wert legte L. Scheppler auf die religiöse Erziehung der Kinder. Sie wollte ihnen die Gegenwart Gottes begreiflich machen, ihnen einen Abscheu vor Lügen, Fluchen, Ungehorsam und Trägheit beibringen.

In der Kleinkinderschule im Steintal wurde schon nach einem Beschäftigungsplan gearbeitet, der Papierbemalen und Ausschneiden, die Entwicklung des Farbensinns, Figurenlegen mit Steinen und Hölzchen, das Ordnen von Stoffen, das Papierfalten sowie Ballspiele und andere Spiele vorsah. [14]

Vor allem aber bemühte sich L. Scheppler genau wie Oberlin, junge Mädchen für die Arbeit in der Kleinkinderschule heranzubilden. 1829 wurde Louise Scheppler für ihre Verdienste um die Kleinkinderschule, die in Frankreich als "salles d'asyles" eine starke Verbreitung fand, mit dem Tugendpreis der Akademie der Wissenschaften in Paris ausgezeichnet.

---

[14] Vgl. J. Gehring, Die Evangelische Kinderpflege, Berlin 1929, S. 27.

2.3. Robert Owen

Während Pfarrer Oberlin im Steintal in einer noch vor allem durch die Landwirtschaft geprägten Gegend seine ersten Kleinkinderschulen schuf, bestanden in Großbritannien zur Zeit der Gründung der Kleinkinderschulen durch Robert Owen ganz andere wirtschaftliche und gesellschaftliche Verhältnisse. Bereits im 18. Jahrhundert hatte England seine politische Stellung als Weltmacht begründet und vor allem seine Bedeutung als Handelsmacht gefestigt. Als erstem Land in der Welt begann in England die industrielle Revolution. In der Zeit von 1760-1820 (der Regierungszeit Georgs III.) hatte sich die Bevölkerung Großbritanniens von 7 1/2 Millionen Einwohnern auf 14 Millionen vermehrt.[15] Schon in der 2. Hälfte des 18. Jahrhunderts reichte die Produktion an Agrargütern nicht mehr aus, um die Bevölkerung Englands zu ernähren. So war England gezwungen, Lebensmittel einzuführen, gleichzeitig mußten Güter für den Export produziert werden. So wurden die technischen Erfindungen, vor allem die Dampfmaschine, der mechanische Webstuhl und die Spinnmaschine genutzt und eine Textil- und Eisenindustrie aufgebaut[16], besonders auch, weil England über große Kohlevorkommen verfügte.

Die Industrialisierung vollzog sich auch vor allem deswegen so schnell, weil auf wirtschaftlichem Gebiet in England - im Gegensatz zum Merkantilismus des Festlandes - der Liberalismus herrschte.[17] Dieser Liberalismus schützte nicht die wirtschaftlichen Schwachen, er wandte sich gegen eine soziale Gesetzgebung. Die Übervölkerung und die Maschinen, mit denen

---

[15] Dies ist wohl vor allem auf medizinischen und hygienischen Fortschrtitt zurückzuführen und nicht auf wirtschaftliche Veränderungen, denn die Bevölkerung Irlands, wo es keine industrielle Revolution gab, nahm zur selben Zeit ebenfalls so stark zu. Hier blieb der Bevölkerung nur die Auswanderung. Eindeutig geklärt ist das Symptom der Bevölkerungsexplosion, die zur gleichen Zeit stattfand wie die Technisierung, noch nicht.

[16] In Lancashire entstand die erste moderne Fabrik.

[17] Hier stützte man sich vor allem auf die Theorien von Adam Smith, der 1776 in seinen "Untersuchungen über Natur und Ursache des Wohlstandes der Nationen" die Harmonie einer freien Wirtschaft verkündete.

gleichzeitig Arbeitskräfte eingespart werden konnten, führten zu einem Überangebot an Arbeitskräften, obwohl gerade die Zahl der Fabriken ständig zunahm. Dieses Überangebot an Arbeitskräften führte in Verbindung mit der Konkurrenzsituation der Fabriken dazu, daß die Arbeitszeit verlängert und die Löhne der Beschäftigten vermindert wurden, gleichzeitig wurden vor allem immer mehr Frauen und auch Kinder vom 6. Lebensjahr an beschäftigt, während die Familienväter sehr oft keine Arbeit fanden. Die meisten Fabriken wurden in den Städten gegründet, gleichzeitig zog der Aussicht auf Verdienst immer neue Scharen, vor allem auch die Handwerker, die durch die Konkurrenz der Fabriken ihren Verdienst verloren hatten, in die Städte, deren Einwohnerzahl stark zunahm. Die Wohnungssituation in den Städten war oft katastrophal, hinzu trat die Unterernährung der Bevölkerung, die lange Arbeitszeit (16 Stunden) und die Nachtarbeit.[18]

Die Kindersterblichkeit war in den Industriegebieten recht hoch. Die Mütter, die bis zu 16 Stunden ihrer Arbeit nachgehen mußten, konnten sich um ihre Kinder nicht kümmern, der Zusammenhalt der Familien löste sich. Die Säuglingssterblichkeit war erschreckend. Die Kinder, die meist ohne Pflege und Aufsicht sich selbst überlassen waren, spürten die soziale Not am stärksten.

Ihnen galt auch vor allem das Bemühen Robert Owens, der 1791 Leiter einer Baumwollspinnerei in Manchester wurde, die eine große Anzahl Frauen und Kinder beschäftigte. Seit 1800 führte er als Teilhaber eine Baumwollspinnerei in New Lanartz in Schottland. Hier konnte er seine Reformen - Verbesserung der Lage der Arbeiter und der Kinder - verwirklichen. Grundlage seiner Reformvorhaben war die Überzeugung, daß der Mensch bestimmt ist durch seine Erbanlagen und den Einfluß der Umwelt.

[18] Hier wirkte sich die Erfindung des Gaslichtes aus, so daß jetzt Nachtarbeit möglich war.

Indem Owen die Bedeutung der Umwelt für den einzelnen als so entscheidend ansah,[19] erblickte er gleichzeitig die Möglichkeit, durch Veränderung der Lebensbedingungen der Arbeiter und vor allem auch der Kinder pädagogisch tätig sein zu können. So wird Owens Kritik, die auf die wirtschaftlich-soziale Ordnung gerichtet ist, von ihm unmittelbar in ein pädagogisches Programm umgesetzt.[20]

Owen forderte 1815 vor schottischen Fabrikanten in Glasgow das Verbot der Kinderarbeit für Kinder unter 12 Jahren, eine Höchstarbeitszeit für Kinder, die älter als 12 Jahre waren, von 12 Stunden, mit einer Pause von 90 Minuten. Voraussetzung für die Beschäftigung der Kinder in Fabriken sollten schulische Grundkenntnisse sein, Mädchen sollten vorher das Nähen beherrschen. Owens Bemühungen hatten insoweit Erfolg, daß das Parlament, dem er seine Rede zugesandt hatte, eine Kommission einsetzte, die die Situation der Kinder in Fabriken überprüfen sollte. 1819 wurde ein Gesetz vom Parlament angenommen, daß die Arbeitszeit für 9 bis 16jährige Kinder auf 12 1/2 Stunden begrenzte.[21]

1809 gründete Owen in New Lanartz eine "Infant-School", eine Kleinkinderschule, in die Kinder gewöhnlich, sobald sie allein laufen konnten, meist jedoch vom 2. Lebensjahr an, aufgenommen wurden und bis zum 6. Lebensjahr blieben. Anlaß war die Erkenntnis, daß die Wohnungen der Arbeiter nicht für Kinder eingerichtet waren, daß sie dort nur ihren Eltern im Wege standen. In seiner Autobiographie schreibt er hierzu: "Die Wohnungen der Armen und der Arbeiterklasse sind völlig ungeeignet für die Erziehung der Kinder, die bei der Begrenztheit und unzweckmäßigen Ausstattung des Raumes ihren Kindern immer im Wege sind. Die Art der Kindesbehandlung ist daher genau das Gegenteil guter Erziehung. So kam ich auf den Gedanken der Kleinkinderschule nach dem Grundsatz, daß die

[19] Hier greift Owen, der zu den "Frühsozialisten" zählt, Gedanken auf, die schon Rousseau vertrat.
[20] Vgl. Roeder, Peter Martin: Erziehung und Gesellschaft, Weinheim 1968, S. 93.
[21] Gunther, Karl-Heinz: Robert Owen, Pädagogische Schriften, Berlin 1955, S. 29/30.

Charakterbildung so früh als möglich beginnen müßte."[22]
Zur Aufsicht seiner Kleinkinderschule bestellte Owen einen älteren Fabrikarbeiter und eine junge Arbeiterin. Grundsätzlich war es diesen Aufsichtskräften verboten, die Kinder zu schlagen, zu bedrohen oder anzuschreien. Sie sollten vielmehr stets gütig zu ihnen reden und die älteren 4- bis 6jährigen Kinder anweisen, ihre Spielgefährten zu erfreuen und sie zu beschützen. Ziel dieser Erziehung war es, die Kinder "ohne Strafen oder Furcht vor Strafen"[23] zu erziehen und sie zu den "glücklichsten kleinen Wesen"[24] heranzubilden. Diesem Erziehungsziel sollte auch die Einrichtung der Kleinkinderschule dienen: Farbige Bilder, Landkarten, Erzeugnisse aus den Gärten, Feldern und Wäldern sollten als Anschauungsmaterial angewandt werden, um die Neugierde der Kinder zu erwecken und sie zu Fragen zu ermuntern. Tanz, Musik und Disziplin[25] standen im Dienste der Charakterbildung. Sie dienten dazu, den Kindern Bewegung zu verschaffen und Gesundheit, Anmut, Ordnung und Gehorsam durch indirekte Methoden "auf die angenehmste und unaufdringlichste Art"[26] zu erreichen. Besonderen Wert legte Owen darauf, daß die Kleinkinder Kenntnisse in Geographie und Geschichte[27] erwarben, wobei die Methoden des Spiels und des spielerischen Wettstreits angewandt wurden. In einem neuen Schulhaus, das Owen 1816 für 600 Schüler einrichtete und dem er den Namen "Institut für Charakterbildung" gab, führte er eine Dreiteilung der Schule ein: die Kleinkinderschule, die Kinder bis zum 6. Lebensjahr aufnahm, die Tagesschule, in der Schüler bis zum 10. Lebensjahr unterrichtet wurden und die Abendschule, die Kinder besuchten, die älter als 10 Jahre waren und in der Fabrik arbeiteten.

22) Günther, K.H., Robert Owen, Pädagogische Schriften, Berlin 1955, S. 23.
23) Günther, a.a.O., S. 23.
24) Günther, a.a.O., S. 23.
25) So lernten Jungen und Mädchen ab 2 Jahren Gymnastik, Turnen, um Gesundheit und Geschicklichkeit zu erlangen.
26) Günther, a.a.O., S. 23.
27) Kenntnisse im Lesen, Schreiben und Stricken, wurden den Kindern ab 8 Jahren in der "Tagesschule" vermittelt.

Owens Schulversuch, seine Bestrebungen, die Kinderarbeit
einzuschränken und vor allem seine Kleinkinderschule, die
"Infant School", erregten auch in Regierungskreisen großes
Aufsehen. [28] Unter dem Vorsitz des Lordkanzlers Brougham
trat eine Vereinigung zusammen, die 1819 in Westminster Bevern
Green die erste Kleinkinderschule gründete. [29] Josef Wilson
stiftete bald darauf (1821) eine weitere Kleinkinderschule
in Spitalsfield, der sodann eine dritte folgte, die in
Baldwins-Garden, im Zentrum von London, eingerichtet wurde. [30]
Lordkanzler Brougham und der Marquis von Landsdown gründeten
sodann 1824 die vierte Kleinkinderschule. Damit war der Durchbruch
der "Infant-School" in England erreicht, denn jetzt
traten vor allem die Geistlichen der Epistopalkirche, die
bisher dieser neuen Einrichtung ablehnend gegenübergestanden
hatten, für die Gründung der Kleinkinderschulen ein, ebenso
förderten die Universitäten Oxford und Cambridge [31] und der
Herzog von Clarence die Errichtung neuer "Infant-Schools".

---

28) Zwei Versuche, Dörfer einer "genossenschaftlichen Eintracht" zu errichten, die Owen in Nordamerika (1825) und in England (1839) unternahm, um das Leben der Arbeiter zu verbessern, mißlangen.
29) Vgl. Weber, a.a.O., S. 187.
30) Vgl. Weber, a.a.O., S. 187.
31) Vgl. Weber, a.a.O., S. 187.

3. Die Verbreitung der vorschulischen Einrichtungen in Deutschland im 19. Jahrhundert

3.1. Erste Ausbreitungen vorschulischer Einrichtungen

In der Zeit um 1800 gab es in Deutschland noch sehr wenige vorschulische Einrichtungen, die sich der kleinen Kinder annahmen. Oberlins Einfluß hatte sich noch nicht in Deutschland bemerkbar gemacht. Seine Verdienste waren in Frankreich 1794 von der Nationalversammlung gewürdigt worden und 1800 wurden in Paris Bewahranstalten für Kleinkinder "salles d'asyles pour la premiere enfante", von der Marquis de Pastoret eingerichtet,[1] um Kinder, deren Mütter erwerbstätig waren, zu beaufsichtigen. Kurze Zeit später wurde eine ähnliche Einrichtung in Marseille geschaffen.

Eine Nachricht von der Einrichtung dieser salles d'asyles, an der auch die Gattin des 1. Konsuls Napoleon, Josephine Bonaparte, beteiligt gewesen sein soll, entnahm in Deutschland die Fürstin Pauline zu Lippe-Detmold[2] einem französischen Journal. Die Fürstin griff diesen Gedanken auf und gründete 1802 in Detmold eine "Aufbewahrungsanstalt".

Wie sie 1803 bekanntgab,[3] sollte ihre Einrichtung dazu dienen, die Kinder der vorwiegend in der Landwirtschaft erwerbstätigen Mütter zu versorgen und beim Spielen zu beaufsichtigen. Gleichzeitig sollten aber hier auch Kinder aufgenommen

---

[1] Bericht des Ministers des öffentlichen Unterrichts (nach J.G. Wirth, a.a.O., S. 134). Eine Würdigung von Oberlins Arbeit erschien 1824 in einer französischen Zeitung, Promenade Alsciennes, Paris 1824. In Straßburg berichtete 1826 Krafft auf Französisch über Oberlins Leben. 1843 erschien das erste Buch in deutscher Sprache über Oberlin: "J.F. Oberlins vollständige Lebensgeschichte", hrsg. von Hilpert, Stöber u.a. in Straßburg.

[2] Pauline v. Lippe-Detmold, die sehr früh verwitwet war, unterhielt, um die Not in ihrem Lande zu mildern, in Detmold ein Krankenhaus und ein Waisenhaus.

[3] Vgl. J. Gehring: Evangelische Kinderpflege, Berlin 1929, S. 36ff.

werden, deren Mütter gestorben waren und deren Väter allein die Verantwortung für sie zu tragen hatten.[4] Es war vorgesehen, die Kinder in dieser "Bewahranstalt", die zuerst in einem leeren Saal des Detmolder Krankenhauses eingerichtet wurde, zu betreuen. Bei schönem Wetter bestand die Möglichkeit, im Garten zu spielen. Gleichzeitig sollte dafür Sorge getragen werden, daß die Kinder ernährt und, soweit es nötig war, neu eingekleidet wurden. Irgend ein Unterricht war nicht vorgesehen. Genaue Angaben über das Spiel der Kinder fehlen. Die Kinder wurden von älteren Mädchen des Waisenhauses oder der "Erwerbsschule für Mädchen", die die Fürstin auch gegründet hatte, beaufsichtigt. Gleichzeitig sollten so Kinderwärterinnen herangebildet werden, Damit ist ähnlich wie bei Oberlin auch hier mit der Bewahranstalt eine Ausbildungsstätte für Mädchen zu einem sozialpädagogischen Beruf, dem Beruf der Kinderwärterin, verbunden.

Gleichzeitig rief Pauline von Lippe-Detmold dazu auf, einen religiösen Verein aus Damen der Gesellschaft zu bilden, die zusammen mit ihr die Oberaufsicht ausüben würden. Damit wird deutlich, daß diese Einrichtung als Werk christlicher Nächstenliebe geschaffen werden sollte. Pauline von Lippe-Detmold fühlte sich im Sinne des aufgeklärten Absolutismus als eine "Landesmutter" für ihre Untertanen verantwortlich.

Erst in der Zeit um 1830 ist ein sprunghaftes Ansteigen von vorschulischen Einrichtungen zu verzeichnen. Das Interesse an der Gründung von Stätten für kleine Kinder ergriff jetzt weite Teile der Bevölkerung. Hierfür waren vor allem 3 Gründe maßgeblich:

1. Die gesellschaftlichen Veränderungen in Deutschland, die sich vor allem im Zusammenhang mit der zunehmenden Industrialisierung und dem damit verbundenen Wachsen der Großstädte vollzog. 2. Der durch diese Veränderungen hervorgerufene Wandel der sozialen Situation des Kindes sowie 3. die Einsicht in die Notwendigkeit einer allgemeinen Volksbildung auf Grund der weiteren Verbreitung der Gedanken der Aufklärung vor allem im Bürgertum.

3.2. Die Industrialisierung Deutschlands und die damit verbundenen gesellschaftlichen Veränderungen

Um 1800 bot Deutschland in seiner industriellen Entwicklung ein recht unterschiedliches Bild. Die Gebiete um Jülich und Berg waren am dichtesten bevölkert und am stärksten industrialisiert. Textil- und Kleinindustrie herrschten vor. Insgesamt vollzog sich in Deutschland, in dem Preußen der wichtigste Gewerbestaat war, die gleiche industrielle Entwicklung wie in England, jedoch mit zeitlicher Verspätung.

So gab es in Preußen erst nach 1806 Reformen, die zur Einführung der Gewerbefreiheit (1808) und der Beseitigung des Zunftzwanges (1811) führten. Indem der Zunftzwang aufgehoben wurde, entfiel ein wichtiger Unterschied zwischen Stadt- und Landbewohnern.[5] Besondere Bedeutung hatte ferner die Aufhebung der Erbuntertänigkeit der Bauern. 1810 wurde die persönliche Freiheit und die Freizügigkeit der Bauern gewährleistet, sämtliche ständische Bindungen entfielen. In der Städteordnung von 1808 erhielten die städtischen Gemeinden das Recht der Selbstverwaltung und damit Haushalts- und Steuerrechte.

Indem die Freizügigkeit gewährt wurde, konnte die Mobilität der Bevölkerung größer werden, die Städte wuchsen.[6] Arbeitskräfte konnten in die Industrie abwandern. Die insturielle

---

4) Die Fürstin, die selbst verwitwet war, wollte sich gegen die Sitten wenden, daß Männer sich sehr schnell nach dem Tod ihrer Frau wiederverheirateten.

5) Die Zahl der Handwerksbetriebe nahm sehr zu. Doch während in früheren Jahren durch die Beschränkung des Handwerkernachwuchses durch die Zünfte und Gewerbeordnungen fast jeder Lehrling die Aussicht hatte, Meister und damit selbständig zu werden, gab es jetzt eine viel größere Zahl von Lehrlingen und damit viele Handwerksgesellen, die nun Zeit ihres Lebens Lohnabhängige blieben.

6) So: Berlin (1800: 17200 E., 1850: 41900 E.), Leipzig (1800: 40000 E., 1850: 63000 E.), Köln (1800: 50000 E., 1850: 97000 E.), Düsseldorf (1800: 1000 E., 1850: 27000 E.), Essen (1800: 4000 E., 1850: 9000 E.), Magdeburg (1800: 36000 E., 1850: 72000 E.) nach W. Köllmann: Die industrielle Revolution, Quellen zur Sozialgeschichte Großbritanniens und Deutschlands im 19. Jahrhundert, Stuttgart 1963, S. 4.

Produktion stieg besonders von der Zeit an, als die Zollgrenzen, die die einzelnen Staaten voneinander trennten, abgebaut wurden.[7] Damit war die Möglichkeit geschaffen, daß Handel und Verkehr sich ausbreiten konnten, was auch dadurch begünstigt wurde, daß sich jetzt auch im Finanzwesen Änderungen vollzogen: das moderne Bankwesen entstand. Die Industrie, vor allem die Eisen- und Kohleindustrie und der Maschinenbau erlebten in der Zeit ab 1830 einen starken Aufschwung, die Zahl der in der Landwirtschaft Beschäftigten nahm ständig ab.[8]

Insgesamt legten so die Bauernbefreiung, die Einführung der Gewerbefreiheit, die Umstrukturierung der Bevölkerung durch das damit verbundene Wachstum der Städte die Wurzeln zur Industrialisierung in Deutschland und einer sozialen Wandlung der Gesellschaft, die zu einem Industriestaat hinführten.

Doch lag in diesem gesellschaftlichen Wandel auch der Ansatz für die wirtschaftliche Not großer Teile der Bevölkerung vor allem in der Zeit zwischen 1840 und 1850, die die Stadtbevölkerung hart traf[9], ihren Ausgangspunkt jedoch auf dem Lande fand. Das wichtigste ländliche Gewerbe war um 1810 die Leinenherstellung. Das starke Wachstum der Bevölkerung führte zu einer großen Nachfrage nach Tuchwaren. Der Anbau des Flachses und seine Verarbeitung erforderte sehr viele Arbeitskräfte. Auf vielen Höfen wurden zusätzliche Arbeitsstellen

---

[7] 1818 wurden innerhalb Preußens alle Zollgrenzen beseitigt, 1828 der preußisch-hessische Zollverein und 1834 der deutsche Zollverein geschaffen.

[8] Während 1800 noch 80 % der Bevölkerung von der Landwirtschaft lebten, waren es 1860 nur noch 64 %. (vgl. Propyläen-Weltgeschichte, Hrsg. von Golo Mann, Bd. VIII, Berlin 1960, S. 311/312).

[9] So waren 1847 10 % der Bevölkerung Berlins Almosenempfänger. (vgl. G. Bonwetsch, Grundriß der Geschichte, a.a.O., S. 216).

für Arbeitskräfte geschaffen.[10] In der Zeit von 1800 bis 1848 nahm die Zahl dieser Stellen aber nicht nur dort sehr stark zu, wo Leinen angebaut wurde, sondern überall, wo Holz-, Tabak-, Glas- oder Uhrenindustrien auf dem Lande einen Erwerb ohne landwirtschaftlichen Besitz ermöglichten. Hier konnten Familien gegründet werden, ohne daß ein größeres Kapital vorhanden war. Die Lage dieser Menschen verschlechterte sich jedoch von dem Zeitpunkt an, als der dörfliche Allgemeinbesitz, die "Allmende" aufgeteilt wurde und so nicht mehr allen Dorfbewohnern zur Verfügung stand. Besonders benachteiligt waren bei dieser Aufteilung diejenigen, die bei der Aufhebung des "Flurzwangs", durch die größere zusammenhängende Anbauflächen geschaffen werden sollten, keinen Grundbesitz hatten.

Indem sie bei der Aufteilung der Allmende auch kein allgemeines Anrecht auf den Gemeindebesitz mehr besaßen, lockerte sich ihre Beziehung zur dörflichen Gemeinschaft.[11] Es entstanden entscheidende Veränderungen in dieser Schicht der Arbeitenden auf dem Lande, die keinen Rückhalt mehr in einem Landbesitz hatten und so gegenüber jeder wirtschaftlichen Krise äußerst anfällig waren.[12]

Die Konkurrenz der englischen Manufakturwarenindustrie führte besonders in den Jahren von 1835 an zu einer wirtschaftlichen Krise.[13] Gerade zur Zeit dieser Krise wurden zahlreiche vorschulische Einrichtungen geschaffen.[14]

10) So stieg die Zahl der landlosen Arbeitskräfte z.B. im Kreis Wollmirstädt bei Magdeburg von 1785 bis 1845 um 984 Arbeitskräfte bei gleichbleibendem Bestand der Bauern (208). (vgl. J. Krämer, Erziehung als Antwort auf die soziale Frage, Düsseldorf 1963, S. 24).
11) Viele Landlose wanderten jetzt in die Städte ab.
12) Jetzt konnten diese Menschen sich nicht mehr in Notzeiten von ihren Ziegen oder der Kuh ernähren, die sie sonst auf die Allmende trieben. Auch ihr Holz erhielten sie nicht mehr aus dem Walde, der früher allen gemeinsam gehörte.
13) So wurden allein im Bielefelder Kreis über 100000 Menschen vom Rückgang des Garnhandels in den Jahren 1849/50 betroffen. (vgl. Bericht der Handelskammer Bielefeld

3.3. Der Wandel der sozialen Situation des Kindes - Der Einfluß der industriellen Revolution

In den bisherigen Ausführungen zeigte es sich, daß eine Voraussetzung für die Entstehung einer eigenständigen Kleinkinderpädagogik und für die Errichtung zahlreicher vorschulischer Einrichtungen die Erkenntnis war, daß die Kindheit einen Wert besaß, daß das Eigenrecht des Kindes anerkannt wurde. Indem das Kind etwas galt, konnte auch der Blick für die soziale Situation des Kindes geöffnet werden, die besonders seit dem Ende des 18. Jahrhunderts unter dem Einfluß der Industrialisierung entscheidenden Wandlungen unterlag.

Bis zum 18. und 19. Jahrhundert fand die Erziehung der Kinder meist innerhalb der Familie statt.[15] Diese Familie war durch eine patriarchalische Struktur bestimmt, es war dieselbe Struktur, die auch kennzeichnend war für das Gesellschaftssystem, mit seiner hierarchischen Ordnung. Dem Verhältnis von Fürst und Untertanen entsprach das Verhältnis vom Hausvater zu seinen Angehörigen. Diese patriarchalische Familie bot das Bild einer Haushaltsgemeinschaft, einer Großfamilie, in der mehrere Generationen, Großeltern, Eltern und Kinder, erwachsene Söhne und Töchter und zusätzlich oft noch das Gesinde, vereinigt waren. "Der Hausvater gewährleistet kraft seiner Autorität die Einheit des Hauses ...

    in: J.Krämer, Erziehung als Antwort auf die soziale Frage, Düsseldorf 1963, S. 181). Besonders bekannt wurde die Webernot, die 1844 in Schlesien zu schweren Unruhen führte.

14) Vgl. J.G. Wirth, Mitteilungen über Kleinkinderbewahranstalten, Augsburg 1840, S. 15ff.

15) Es war jedoch auch oft üblich, Kinder in Pflege zu geben. Ältere Kinder weniger begüterter Familien vom 7. - 9. Lebensjahr an als Hausgehilfin, als Lehrjunge oder Schiffsjunge außer Haus gegeben, Kinder reicher Eltern wurden oft Pagen beim Adel. Sie blieben in der fremden Familie, bis sie 14-18 Jahre alt waren und gingen dann auf Wanderschaft (vgl. Jos. van Ussel, Die Kleinfamilie, in: Familiensoziologie, hrsg. v. Dieter Claessen u. Petra Milhoffer, Frankfurt 1974, S. 101.)

Durch seinen leitenden Geist werden die ungleichartigen Glieder des Hauses zu einer Einheit und zu einem Ganzen zusammengefügt"[16]. Diese Großfamilie war besonders im landwirtschaftlichen und handwerklichen Familienverband in der Regel eine Lebens- und Produktionsgemeinschaft, bei der die gemeinsame Arbeit der Familienmitglieder in der Werkstatt oder auf dem Hof die Versorgung der Großfamilie gewährleistete. Der Bedarf aller Mitglieder der Familie, auch derjenigen, die nicht arbeiten konnten, der Alten und Kranken und der Kinder, wurde so miteinander und füreinander erwirtschaftet. Die Kinder, die in solchen Familien aufwuchsen, waren zwar in ihrer Handlungsfreiheit eingeschränkt,[17] doch bot diese Familienstruktur Schutz und Vorsorge. Öffentliche Einrichtungen für Kinder, die den Schutz dieser Familienverbände nicht genossen, gab es in Form der Findel- und Waisenhäuser[18], die aus dem caritativen Geist entstanden waren und meist von den Kirchen getragen wurden.

Diese ständische Gesellschaft, die gekennzeichnet war durch eine starke soziale und wirtschaftliche Bindung, die aber gleichzeitig den Alten und vor allem auch den Kindern eine gewisse soziale Sicherheit gewährte, wurde nun durch die Französische Revolution erschüttert. Mit der Französischen Revolution scheint eine alle gesellschaftlichen Gruppen umfassende Kritik an dem patriarchalischen System aufgebrochen zu sein.[19] Hinzu kam, daß durch die Erfindung der Dampf-

16) Begemann, H., Strukturwandel der Familie, Hamburg 1960, S. 25.
17) Das Verhältnis der Eltern zu ihren Kindern war viel distanzierter. Hauptziel der Erziehung war es, den Eigenwillen der Kinder zu brechen und sie an unbedingten Gehorsam zu gewöhnen.
18) In Ländern mit evangelischer Bevölkerung, in denen die Mutter verpflichtet war, ein uneheliches Kind genauso zu ernähren wie ein eheliches, gab es nur sehr wenige Findelhäuser. Kinder, die ausgesetzt wurden, wurden in Waisenhäusern aufgenommen und dort erzogen. Findelhäuser waren meist Nonnenklöstern angeschlossen.
19) Vgl. Begemann, a.a.O., S. 27.

maschine[20] eine neue wirtschaftliche Form an Stelle der Hausindustrie und Manufaktur getreten war. Damit beginnt eine technisch-industrielle Epoche, die einen besonderen Aufschwung auch daher erlebte, weil im ausgehenden 18. Jahrhundert in Europa die Bevölkerungszahl rasch anstieg.[21] Die wirtschaftlichen Bedürfnisse förderten das Fortschreiten der Technisierung.[22] Produktion und Verkehr nahmen einen lebhaften Aufschwung, besonders, als die gesellschaftlichen und wirtschaftlichen Fesseln allmählich immer mehr gelöst wurden.

Ein Hauptkennzeichen dieser Frühindustrialisierung war auch in Deutschland die Frauen- und Kinderarbeit. Sie wurde vor allem dadurch verbreitet, daß für die Bedienung der Maschinen keine Lehrzeit, sondern nur eine relativ kurze Anlernzeit notwendig war. Vor allem in der Manufakturindustrie wurden an den Spinnmaschinen Kinder von 6 Jahren an bis zu 12 und 14 Stunden zur Arbeit eingesetzt.[23]

20) 1690 baute der Franzose Denis Papier eine Kolbendampfmaschine. 1700 fertigte Thomas Newcomen ebenfalls eine atmosphärische Kolbendampfmaschine an, die von James Watt 1769 zu einer wirtschaftlichen Dampfmaschine verbessert wurde. 1781 erhielt Watt auf diese Dampfmaschine das Patent.

21) So stieg zwischen 1815 und 1910 die Bevölkerung in Preußen und Sachsen um das Vierfache (in Preußen von 10 Millionen auf 40 Millionen, in Sachsen von 1,1 auf 4,8 Millionen).

22) Der erste mechanische Webstuhl wurde 1767 gebaut. Ab 1785 wurden mechanische Webstühle durch Dampfmaschinen angetrieben. Webereien und Tuchfabriken entstanden. Im selben Jahr wurde die erste Dampfmaschine im mansfeldischen Bergbaugebiet eingesetzt. Ab 1790 wurde die Dampfkraft bei der Eisenproduktion benutzt, die ebenfalls eine große Zunahme verzeichnete.

23) So betrug die Arbeitszeit für Kinder 1825 in Iserlohn 14 Std., in Potsdam 13 bis 14 Std., in Köln 11 1/2 bis 14 Std., in Siegen 8 bis 12 Std. und in Bochum bis zu 14 1/2 Std. (Nach: J. Kuczynski, Die Geschichte der Lage der Arbeiter in Deutschland von 1870 bis in die Gegenwart; Bd. I, Berlin 1947, S. 70).

Für den Wandel der sozialen Situation des Kindes ist diese Kinderarbeit darum entscheidend, weil durch die Frauen- und Kinderarbeit der Zeit die innere Auflösung des Familienlebens gefördert wurde, denn jetzt arbeiteten die Kinder und Mütter nicht gemeinsam mit den Vätern im Sinne einer häuslichen Produktionsgemeinschaft wie es im Mittelalter üblich war und wie es heute in bäuerlichen und auch kaufmännischen Familien zu finden ist, sondern es bestand sehr häufig die Trennung von Haus und Arbeitsplatz, die alle Familienmitglieder, besonders aber die Kinder traf.

Da Frauen und Kinder nur einen geringen Lohn erhielten, bevorzugte man sie als Arbeitskräfte, während die Familienväter oft keine Arbeit fanden. Hinzu kam, daß die meisten Fabriken in den Städten gegründet wurden, daß gleichzeitig die Aussicht auf Verdienst immer neue Scharen, vor allem auch Handwerker, die durch die Konkurrenz der Fabriken ihren Verdienst verloren hatten, in die Städte zog, deren Einwohnerzahl stark zunahm. Die Wohnungssituation in den Städten war oft katastrophal, hinzu trat die Unterernährung der Bevölkerung, die lange Arbeitszeit (16 Stunden) und die Nachtarbeit.[24]

Das Resultat war, daß die Mütter, die bis zu 16 Stunden ihrer Arbeit nachgehen mußten, sich um ihre Kinder nicht kümmern konnten, daß der Zusammenhalt der Familien sich löste. Die Säuglingssterblichkeit war erschreckend. Die Kleinkinder, die meist ohne Pflege und Aufsicht sich selbst überlassen waren, spürten die soziale Not am stärksten.

Betrachten wir von diesen Ergebnissen her noch einmal die soziale Situation des Kindes, so wird deutlich, daß seine Stellung gegenüber dem Mittelalter entscheidenden Änderungen unterworfen war.

[24] Hier wirkte sich die Erfindung des Gaslichtes aus, so daß jetzt Nachtarbeit möglich war.

Die Tendenz der Auflösung der Großfamilie wird sichtbar. Kleinfamilien entstanden, wobei die einzelnen Familienmitglieder voneinander getrennt am Produktionsprozeß teilnahmen, der jetzt aber zum großen Teil außerhalb des Hauses stattfand. Vor allem litten die Kinder darunter, daß der Familienverband den einzelnen nicht mehr die soziale Sicherheit gewähren konnte, die die ständische Gesellschaft den einzelnen zu geben vermochte.

Andererseits beginnt aber gerade jetzt die Einsicht um sich zu greifen, welche Anforderungen an das Kind gestellt werden dürfen, welche Hilfen dem Kinde in dieser neuen Situation gewährt werden müssen. Es entstehen jetzt Initiativen, mit dem Ziel, das Los der Kinder zu erleichtern: Kinderschutzgesetze[25], die Verlängerung der Schulzeit für die älteren Schüler und für die jüngsten Einrichtungen, um die Not der Kleinkinder, die sich selbst überlassen blieben, zu mindern: Aufbewahrungsstätten für Kinder.

Dieses aufkommende Verständnis für die soziale Situation des Kindes, die Bereitschaft ihm zu helfen, es zu schützen, findet seine Begründung in der Einsicht, daß es ein Kindesalter gibt, das sich von dem des Erwachsenen unterscheidet und daß das Kind ein Recht auf sein Kindsein hat. Dies bedeutet aber, daß das Interesse für Fragen, die mit dem Kind, seinen Lebensbedingungen, seiner Entwicklung, seiner Besonderheit gegenüber dem Erwachsenenleben zu tun haben, jetzt einen breiten Raum einnehmen und eine besondere Bedeutung im Rahmen einer allgemeinen "Volksaufklärung"[26] gewinnt, die Ende des 18. Jahrhunderts einsetzt.

25) Vgl. H. Herkner, Die Arbeiterfrage, Berlin ^{5}1908, S. 24.
26) Vgl. V. Wehrmann, Die Aufklärung in Lippe, a.a.O., S. 171ff.

3.4. Die Einsicht in die Notwendigkeit einer allgemeinen Volksbildung

Gegen Ende des 18. Jahrhunderts erfuhr die Aufklärung insoweit eine Abwandlung und Ausbreitung, daß die ursprünglich philosophischen Ideen auf das Volk zugeschnitten wurden. "Spekulation schlug um in Pädagogik"[27]. Die Notwendigkeit einer allgemeinen Volksbildung, die sich vor allem auch der ländlichen Bevölkerung zuwandte, wurde in Deutschland aus staatspolitischer sowie ökonomischer Notwendigkeit, besonders aber durch den Einfluß der Philantrophen gefördert.

So heißt es denn auch im preußischen Landrecht von 1794, daß die Schulen und Universitäten Einrichtungen des Staates sind. Die Kleinkinder werden hier noch nicht erwähnt. Die Idee der staatlichen Erziehung scheint in Deutschland vom Norden ausgegangen zu sein und zwar aus dem Bereich, der unter dem Einfluß des Königs von Dänemark stand, dessen Minister, Graf. v. Bernstorf, das Schulwesen verwaltete. Unter seiner Regierung verlangte der Pädagoge Martin Ehlers bereits 1766 in seinen "Gedanken von den zur Verbesserung der Schulen notwendigen Erfordernissen"[28], daß die Oberaufsicht über das gesamte Schulwesen von einem Schulkollegium ausgeübt werden sollte, das nur der Landesobrigkeit unterstellt war. Besonders die Landschulen sollten gefördert werden. Schleswig war auch das erste Land, in dem die Kleinkinderschulen in den Bereich der staatlichen Aufsicht übernommen wurden. In einer Schulordnung von 1814, deren Entwurf bereits 1804 erarbeitet worden war, werden die Kleinkinderschulen, dort "Aufsichtsschulen" genannt, mit aufgeführt.[29]

27) Wehrmann, a.a.O., S. 172.
28) Ehlers, M., Gedanken von den zur Verbesserung der Schulen notwendigen Erfordernissen, Altona und Lübeck 1766.
29) Vgl. E. Hoffmann, a.a.O., S. 88.

In Preußen war das Interesse an Fragen der Erziehung besonders nach der Niederlage von Jena und Auerstätt (1805) geweckt worden. Die Erziehung des Volkes sollte jetzt die Grundlage zur Erneuerung aus dem Zusammenbruch des preußischen Staates bilden. Aus der politischen Not heraus erwuchs die Erkenntnis der sozialen Not. Besonders W. v. Humboldt[30], v. Stein und Fichte setzten sich dafür ein, daß eine Hilfe für den Staat in der Neugestaltung des Schulwesens liegen könnte, wobei vor allem Pestalozzis Theorie zur Grundlage einer neuen Volks- und Menschenbildung werden sollte. Junge Männer wurden zu Pestalozzi nach Ifferten gesandt,[31] um seine Erziehungs- und Lehrart kennenzulernen und seine Gedanken später weiterzuvermitteln.

Nicht nur die neue Lehrmethode Pestalozzis, sondern auch seine tätige Hilfe, seine Arbeit im Waisenhaus, diente jetzt als Vorbild. Nach dem Napoleonischen Krieg wurden vermehrt Waisenhäuser, Armenanstalten und Bewahranstalten für bedürftige Kinder geschaffen, so mehrere in Berlin, in Potsdam und Stralsund[32]; Frauenvereine wurden gegründet, die sich die Gründung von Kleinkinderschulen zum Ziel setzten[33].

Auch wirtschaftliche Gründe waren maßgebend dafür, daß die Forderung nach der Notwendigkeit einer allgemeinen Volksbildung anerkannte und vorschulische Einrichtungen schuf.

Um mit der englischen Industrie Schritt halten zu können, forderten Volkswirtschaftler wie Friedrich List[34] nicht nur

30) Vgl. C. Menze, Die Bildungsreform Wilhelm von Humboldts, Hannover 1975, S. 151ff.
31) So studierten u.a. Deist, Hennig, Krüger, Türk, Preuß und Hänel auf Kosten der preußischen Regierung in Ifferten bei Pestalozzi, um später im Regierungsdienst oder als Leiter von Lehrerseminaren die Lehren Pestalozzis weiterzuvermitteln. Vgl. auch: C. Menze, Die Bildungsreform Wilhelm von Humboldts, a.a.O., S. 159.
32) Vgl. Wirth, a.a.O., S. 170.
33) Weber, a.a.O., S. 190.
34) Friedrich List (1789-1846).

die Abschaffung der Binnenzölle - noch ehe der Zollverein eingeführt wurde - und den verstärkten Ausbau des Eisenbahnnetzes, sowie einen staatlichen Schutzzoll, der zwar die Güter zunächst verteuerte, doch dafür sorgte, daß die einheimische Industrie konkurrenzfähig wurde - und damit den Freihandel - sondern auch einen Ausbau des Bildungswesens. Wenn der wirtschaftliche Fortschritt gelingen sollte, wenn vor allem die Industrie in der Lage sein sollte, mit der mächtigen Konkurrenz Englands Schritt zu halten, mußte aber auch vor allem das Schulwesen ausgebaut werden, damit die Menschen befähigt würden, den gestiegenen Anforderungen eines industriellen Wirtschaftslebens gerecht zu werden. Die allgemeine Volksbildung sollte verstärkt werden.[35]

Auch diese ökonomischen Gründe, die im Rahmen der allgemeinen Volksaufklärung verbreitet wurden, haben sich auf die Gründung von vorschulischen Einrichtungen ausgewirkt, besonders in der Form von Aufbewahrungsstätten, durch die Mütter, die in der Landwirtschaft eingesetzt waren, entlastet werden sollten. Deutlich wird dies z.B. vor allem bei den Institutionen, die in Hessen-Kassel 1825 gegründet wurden, um Kinder der ländlichen Bewohner von Mai bis Oktober von 6 Uhr morgens bis 18 Uhr zu pflegen und zu beaufsichtigen.[36]

Außer aus staatspolitischen und ökonomischen Gründen wurde die Einsicht in die Notwendigkeit einer allgemeinen Volksbildung und damit auch der Gedanke der vorschulischen Erziehung vor allem von den Philantrophen gefördert.

Salzmann, Basedow, Trapp, Wolke, Campe sind die bekanntesten Vertreter dieser pädagogischen Strömung, die vor allem von der französischen Aufklärung und hier besonders von Rousseaus "Emile" beeinflußt waren.

35) Vgl. Friedrich List und die Erziehung zur Industrie", in: G. Bonwetsch, Grundriß der Geschichte, Bd. III, a.a.O., S. 214.
36) Vgl. S. 30 dieses Buches.

Für den Bereich der Kleinkinderpädagogik haben die Philantrophen eine besondere Bedeutung. Ihrem Einfluß verdankte man es mit, daß man sich jetzt in Deutschland der kindlichen Eigenart mehr zuwandte. Die Natur des Kindes sollte stets von den Erziehern beobachtet und beachtet werden, denn im kindlichen Alter werden die Grundlagen für die körperlich und geistig-sittliche Erziehung gelegt. Besonders die Eltern wurden eindringlich darauf hingewiesen, welche Bedeutung der frühkindlichen Erziehung zukommt. Ihnen wurden jetzt auch in verstärktem Maße Hilfsmittel zur Erziehung der kleinen Kinder an die Hand gegeben. Als Vorbild erwies sich Basedows "Methodenbuch für Väter und Mütter der Familien und Völker" (1770), in dem genaue Anweisungen enthalten waren - ähnlich wie in Rousseaus Emile - wie die kleinen Kinder zu erziehen seien, sowie Christian Gotthilf Salzmann "Krebsbüchlein" (1806) und vor allem sein Buch: "Konrad Kiefer oder Anweisungen zu einer vernünftigen Erziehung der Kinder" (1796). Im "Konrad Kiefer" gibt Salzmann u.a. Vorschriften für die körperliche Pflege des Kindes. Er betont, wie wichtig schon in den ersten Lebensjahren die Sinnesbildung und die Erweckung des Interesses für die Natur ist.

Doch nicht nur rein pädagogische Erziehungswerke entstehen in dieser Zeit, vielmehr ist jetzt ein starkes Anwachsen der Kinderliteratur zu verzeichnen. Als Ergänzung zu Basedows "Elementarwerk" (von 1774) gab Pfarrer Stoy zu Hufenfeld, der später Professor für Pädagogik in Nürnberg war, "die Bilder-Akademie für die Jugend" (1780-84) heraus, ein Werk, das illustriert war und auch einen Auszug aus Basedows Elementarwerk enthielt.[37] Friedrich Justin Bertah (1749-1822) veröffentlichte 1790 ein "Bilderbuch für Kinder", das u.a. Tiere, Pflanzen, Blumen und Früchte enthielt. Die moralischen Erzählungen Salzmanns wurden - ebenso wie Basedows Elementarwerk - von Daniel Chodowiecki (1726-1801) bildlich ausgeschmückt.

[37] Köster, H.L., Geschichte der deutschen Jugendliteratur, München-Pullach, 1972, UTB 125, S. 16.

Am bekanntesten ist ein Bilderbuch geworden, das auch heute noch - wenn es auch sehr umstritten ist - zu den Bilderbüchern zählt: Heinrich Hoffmanns "Struwelpeter". Neben dem Bilderbuch wird die Bedeutung des Volkskinderliedes erkannt, so entstehen Sammlungen von Karl Simrock und August Stöber. Besonders fanden Kinderlieder ihren Eingang in die "Kinderbewahranstalten".

Während Salzmann, Basedow, und Rochow die Erziehung der Kleinkinder besonders als Aufgabe der Familie ansahen, wandte sich Basedows Mitarbeiter und Nachfolger am Philantropin in Dessau, Christian Heinrich Wolke[38] auch der öffentlichen Kleinkindererziehung zu. Basedow hatte vor allem ein gegliedertes Schulwesen gefordert, Wolke sieht hingegen auch die Notwendigkeit von Einrichtungen für die Jüngsten.

So entwarf er in seiner "Kurzen Erziehungslehre"[39] 1805 den Plan, in jeder Stadt und in jedem Dorf "an jedem Orte der Erde"[40] Bewahr- und Vorbereitungsanstalten einzurichten, um die Kinder im Alter von 4 bis 6 Jahren vor allem Schädlichen zu bewahren. Wolke beruft sich bei seinem Vorschlag auf das Beispiel Pauline v. Lippe-Detmolds, das er rühmend erwähnt.[41] Wolkes Erziehungseinrichtung für kleine Kinder sollte jedoch über eine reine Bewahranstalt hinausgehen. Die Kinder sollen nicht nur beaufsichtigt werden, vielmehr sollte ihr Sprech- und Denkvermögen entwickelt und sie mit den wichtigsten Kenntnissen versehen werden. Wolkes Ziel ist es hierbei, die Kinder schon auf die Schule vorzubereiten. Die Kinder sollen in den Umgangsformen unterwiesen werden, sie haben Grüßen, Fragen, Bitten und Danken zu lernen. Ferner sollen sie angeleitet werden, Gegenstände behutsam zu fassen und zu tragen. Beim Spiel sind rhythmische und tanzähnliche Bewegungen

---

38) Christian Heinrich Wolke, Kurze Erziehungslehre, Leipzig 1805.
39) Chr.H. Wolke, a.a.O., S. 200-221.
40) Chr. H. Wolke, a.a.O., S. 218.
41) Chr. H. Wolke, a.a.O., S. 219.

vorgesehen, die den Körper schulen. Außerdem sollen die
Kinder lernen, Dinge aus Papier, Ton und Wachs anzufertigen,
aus Bast zu flechten und Netze zu stricken. Im Sehen, Hören
und im Behalten eines Auftrages sind sie zu schulen, Kugeln,
Kegel, Dreiecke und Vierecke werden ihnen gezeigt.

Ihre Anleitung sollten sie nicht in einem Zimmer, sondern
im Freien erhalten, im Hof, im Garten, Feld oder Wald.
Wichtiger noch als jedes Lernen ist es für den Philantropen
Wolke, zu erreichen, daß die Kinder in diesem Alter glücklich
sind.

Wolkes Ziel ist es hierbei, nicht nur das Schul- und Erziehungswesen zu verbessern, sondern auch, daß die Mütter "mit der vernünftigen Behandlung und Bildung ihrer Kinder Bekanntschaft erhalten"[42]. Deutlich wird in Wolkes Aussagen, daß er nicht nur die Kleinkinder erziehen will, sondern daß die Mütter in diesen Erziehungsprozeß ihrer Kinder mit einbezogen werden sollen und so ebenfalls im Sinne einer "vernünftigen"[43] Erziehung, d.h. im Sinne der Aufklärung durchgeführten Erziehung ihrer Kinder mitwirken sollen. So wünscht es Wolke auch, daß die Mütter aktiv in der Bewahrungsstätte der Kinder beim Pflegen der Kinder mithelfen.[44] Damit sieht Wolke ebenso wie später Fröbel die Bewahranstalt als einen Ort an, von dem aus erzieherische Anregungen in die Familien eingehen und so allgemein zur "Erziehung der Menschen"[45] beitragen sollen.

In seiner "Kurzen Erziehungslehre" äußert Wolke so schon Ideen, die von der Bewahranstalt fort auf eine vorschulische Einrichtung zielen. Wolkes Anregungen wurden von dem Direktor der Bürgerschule in Leipzig Gedicke und dem 1. und 2. Direktor der Freischule in Leipzig, Plato und Dolz, aufgegriffen und führten zur Gründung von Kleinkinderbewahranstalten in Leipzig[46], doch erlebten diese Einrichtungen keinen besonderen Aufschwung.

42) Chr. H. Wolke, a.a.O., S. 219.
43) Chr. H. Wolke, a.a.O., S. 219.
44) Chr. H. Wolke, a.a.O., S. 211.
45) Chr. H. Wolke, a.a.O., S. 211.
46) Vgl. A. Weber, a.a.O., S. 18.

Bekannter wurde jedoch die Bewahranstalt, die Wolkes Freund Friedrich Wadzeck[47] 1819 in Berlin schuf. Hier nahm man Kinder im Alter von 3/4 Jahr bis zu 5 Jahren auf. Diese Einrichtung war mit einem Waisenhaus, dem späteren Alexandrinenstift, verbunden. Ältere Kinder aus dem Waisenhaus wurden als Kinderwärterinnen ausgebildet. So war ähnlich wie bei Oberlin und bei Pauline von Lippe-Detmold auch bei Wadzeck in Berlin die Bewahranstalt mit einer Ausbildungsstätte für die Erzieherinnen der Kleinkinder verbunden.

Das staatliche Interesse an der Kleinkinderschule wird besonders daran deutlich, daß das Kultusministerium von Preußen 1827 die Einrichtung von Kleinkinderschulen empfahl.[48]

Auch in anderen deutschen Staaten entstanden jetzt rasch Bewahrungsstätten, im Königreich und im Großherzogtum Sachsen, in Württemberg, in Darmstadt, im Großherzogtum Hessen und im Königreich Bayern.

47) Friedrich Wadzeck (1763-1823) lebte als Professor für Literatur am Königlichen Kadettenkorps in Berlin.
48) Rundschreiben der Provinzialregierung vom 24.6.1927.
In diesem Rundschreiben empfahl die preußische Regierung ein Buch über die frühzeitige Erziehung der Kinder und die englischen Kleinkinderschulen, das von dem Engländer Samuel Wilderspin 1792-1866, der in London eine Kleinkinderschule gegründet hatte, herausgegeben und von Josef Wertheimer, einem Großhandelskaufmann aus Wien 1820 übersetzt worden war. Wertheimer hatte in Wien zusammen mit Pfarrer Lindner 1830 eine Kleinkinderschule gegründet, an der gleichzeitig auch Erzieherinnen für die Kinder ausgebildet wurden. Diese Einrichtung wurde eine Musteranstalt. Besonderen Einfluß gewann aber Wertheimer auf das Vorschulwesen in Deutschland, in dem er sich dafür einsetzte, Vorschuleinrichtungen nach dem Muster der englischen "Infant-Schools" zu gründen. Die theoretische Grundlage sollte dazu seine Übersetzung des Buches von Samuel Wilderspin liefern. Wilderspin mildert in seinem Buch Owens oft recht heftige Angriffe auf die Gesellschaft seiner Zeit ab und betont, daß gerade ein frühkindliche Erziehungsweise die gesellschaftliche Ordnung wiederherstellen könne, indem gegenseitiges Wohlwollen geschaffen wurde. Spiel und Arbeit sollten einander ablösen. Das Lehrmaterial ist jedoch nicht auf die Kleinen Kinder zugeschnitten, vielmehr entspricht es mit seinen Anschauungstafeln und Tabellen für Worte und Zeichen dem Elementarunterricht der Schüler in der Schule. Zahlen wurden eingeübt, Gesangbuchverse mußten erlernt werden. Vgl. J. Wertheimer, Über die frühzeitige Erziehung der Kinder und der englischen Klein-Kinder-Schulen, Wien 1826.

In Hessen erließ der Kurfürst 1825 eine Verordnung: Sämtliche Regierungen seines Landes wurden beauftragt, Kleinkinderschulen zu errichten. Von Mai bis Oktober sollten täglich Kinder von Tagelöhnern, Landarbeitern und Handwerkern diese Bewahranstalten besuchen, die von geeigneten Frauen beaufsichtigt werden sollten. Die Kinder sollten sich, soweit es das Wetter erlaubte, im Freien aufhalten.[49]

1839 erschienen in Bayern ausführliche Richtlinien, die vom Staatsministerium des Inneren herausgegeben worden waren.[50] Als Begründung für diese Richtlinien wird festgestellt, daß sich der Einfluß der zahlreichen Kleinkinderbewahranstalten sehr deutlich auf die "häusliche und öffentliche Erziehung" bemerkbar mache. Kleinkinderbewahranstalten sollten private Einrichtungen bleiben, die aber der staatlichen Aufsicht unterstanden. Alle Einrichtungen sollten einheitlich "Kleinkinderbewahranstalt" heißen, und allein dem "Aufenthalt und der Pflege" der Kinder dienen. Der Name Kinderschule wurde verboten.

In diesen bayrischen Richtlinien aus dem Jahre 1839 spiegeln sich schon die Auseinandersetzungen, die um den Charakter dieser vorschulischen Einrichtung schon in diesen Jahren ausgetragen wurden.

Es hatte sich vielfach eingebürgert, daß in diesen Kleinkinderanstalten teilweise Unterricht wie in normalen Schulen getrieben wurde, vielfach aus der Verlegenheit heraus, daß Anleitungen, wie die Kinder zu beschäftigen seien, kaum vorhanden waren. So wurde in manchen Kinderschulen mit den Kindern von 3 Jahren ab die verschiedensten Gegenstände wie der menschliche Körper, Tiere, Pflanzen und Geräte besprochen, sie lernten Farben, Größen und die Zeit kennen. Das Rechnen erstreckte sich auf das Zählen von 1-10, auf das Zusammenziehen und Abziehen, auf das Multiplizieren und Dividieren.

49) Weber, a.a.O., S. 190.
50) Wirth, a.a.O., S. 37.

Anschließend schritt das Zählen bis 100 vorwärts. Das Lesen begann mit dem Lautieren, es endete mit dem Lesen von Sätzen. Vom 5. Lebensjahr[51] ab begann das Schreibenlernen, die Kinder sollten dahin geführt werden, bis zum Abschluß dieses Unterrichtes Wörter schreiben zu können.[52] In diesem schulischen Unterricht spiegelt sich noch eine Verfrühung[53], die im 18. Jahrhundert oft für den häuslichen Unterricht, den die Kinder anstelle einer öffentlichen Erziehung erhielten, kennzeichnend war.

Gegen solch eine Verfrühung gab es heftigen Widerspruch. In den bayrischen Richtlinien von 1839 hieß es hierzu: "Der Ertheilung eines eigentlichen Unterrichtes haben sich die Pfleger und Aufseher dieser Anstalten gänzlich und strenge zu enthalten. Die Kinder sollen weder lesen noch schreiben lernen, weder mit Rechnen, noch mit sonst einem für die Schule gehörigen Lehrgegenstande anhaltend beschäftigt werden"[54]. Die einzige Ausnahme bestand darin, daß zugestanden wurde, die Kinder im "Zusammensetzen und Vergleichen der Buchstaben und Zahlen zu üben." Dieses hatte jedoch

---

51) Innerhalb Deutschlands war der Schulbeginn in der Zeit um 1800 recht unterschiedlich, so begann er in Bayern mit dem 6. Lebensjahr, in Baden mit dem 7., in Preußen begann die Schulpflicht nach dem Allgemeinen Landrecht von 1794 mit 5 Jahren.
52) Vgl. auch: Weber, a.a.O., S. 193.
53) Bei dem schlechten öffentlichen Schulwesen lag die schulische Ausbildung im 18. Jahrhundert sehr oft in den Händen von Eltern und Hauslehrern, besonders bei dem Adel, aber auch bei dem Bürgertum. Hier trafen oft ganz entgegengesetzte Tendenzen der Verfrühung zu Tage. So lernte Tieck - noch nicht ganz vierjährig - von seiner Mutter lesen. Friedrich August Wolf mußte schon im 4. Lebensjahr mit dem Schreiben anfangen, mit dem 6. Lebensjahr mußte er Latein, Griechisch und Französisch lernen. Die allerersten Lehrversuche wurden mit dem Knaben schon gemacht, als er eben gehen und deutlich sprechen konnte, gleich am Ende des zweiten Jahres. (Vgl. Stephan, Gustav: Die häusliche Erziehung in Deutschland, Wiesbaden 1891.)
54) Wirth, a.a.O., S. 39.

"nur in der Absicht zu geschehen, das Auffassungs- und Anschauungsvermögen zu wecken, Sinn und Urteil zu schärfen, angeregelte Geistestätigkeit und Aufmerken zu gewöhnen und auf diesem Wege die Kleinen auf die Benutzung der öffentlichen Schule vorzubereiten."[55]

Beschäftigt werden sollten die Kinder vor allem, indem ihnen lehrreiche Geschichten erzählt, Bilder gezeigt wurden, sie Denksprüche und kleine Liedverse lernten und leichte Handarbeit verrichteten. Die Kinder sollten dabei lernen, einander zu unterstützen und allmählich körperlich und geistig gewandt zu werden. Besonderer Wert wurde auch auf die religiöse Erziehung gelegt. Die gesamte Beschäftigungsweise sollte zu einer "anregenden, anziehenden und zweckmäßig abwechselnden Unterhaltung" gestaltet werden.

Während in Bayern der Namen "Kleinkinderschule" und die Intention, die damit verbunden war, verboten und nur die "Kleinkinderbewahranstalt" zugelassen wurde, regelten in den anderen Ländern, sofern das Kleinkinderschulwesen überhaupt in die Schulaufsicht mit aufgenommen war, keine Richtlinien die Beschäftigung der Kinder. So blieben in Deutschland die Einrichtungen, in denen schon die Kinder im Vorschulalter unterrichtet wurden, bestehen. Ein einheitliches Bild fehlte. Überall entstanden durch die Initiative von angesehenen Bürgern wie Pfarrern, Rektoren, Ärzten, Ratsherren und auch von Adeligen, besonders von adeligen Damen in den Städten Gesellschaften[56], die die Mittel aufbrachten, Einrichtungen für Kinder zu schaffen.

Diese Bewegung führte dahin, daß 1840 in fast allen größeren Städten Deutschlands Kinderbewahreinrichtungen geschaffen waren.[57] Daß sie gerade in den Städten entstanden, ist nicht verwunderlich, denn hier war die Not der Bevölkerung und der Bedarf, der durch die Zusammenballung der Menschen hervorgerufen wurde, besonders groß.

---

55) Wirth, a.a.O., S. 39.
56) Siehe Anmerkung S.49. Vgl. auch Wirth, der Persönlichkeiten in den einzelnen Städten aufzählt, die Vereine gründeten.
57) Eine Übersicht gibt Wirth, a.a.O., S. 11ff.

Einen neuen, sehr entscheidenden Impuls erhielten diese vorschulischen Einrichtungen für Kinder durch das Wirken Friedrich Fröbels.

4. Theorie und Praxis des "Kindergartens" bei Friedrich Fröbel

4.1. Fröbels "Spiel- und Beschäftigungsanstalt"

Die Kritik an den Kleinkinderschulen, in denen Kinder im Alter von 3 - 5 Jahren schulmäßigen Unterricht erhielten, war besonders um 1840 heftig entflammt.[1] Aus dem Gegensatz zur "Kleinkinderschule" heraus entstand Friedrich Fröbels "Kindergarten", doch zugleich ging diese Entwicklung auch über die reine "Kinderbewahranstalt" hinaus. Dies zeigt schon der ursprüngliche Name, den Fröbels "Kindergarten", den er 1840 in Keilhau gründete, noch trug: Fröbel nannte ihn 1840 noch "Spiel- und Beschäftigungsanstalt."[2] "Sein Kindergarten, 1840 gegründet, war eine vorschulische Bildungseinrichtung und zugleich eine Anschauungs- und Lehrstätte für Eltern."[3]

Getragen war diese Einrichtung von dem Gedanken, daß die Gemeinschaft der Kleinkinder Bildungsmöglichkeiten enthält. Der eigentlichen Schulbildung müsse eine Pflege der geistigen Kräfte des kleinen Kindes vorangehen. Hier greift Fröbel Pestalozzis Gedanken von der mütterlichen Erziehung auf, die er selbst in Ifferten kennengelernt hatte, als er bei Pestalozzi weilte. Fröbel führt diesen Grundgedanken Pestalozzis jetzt eigenständig weiter, indem er besonders das Prinzip der Selbständigkeit vertieft und seiner Pädagogik eine eigene philosophische-naturwissenschaftliche Grundlage gibt.

1) Einer der schärfsten Gegner der "Verfrühung" war auch Friedrich Diesterweg.
2) Vgl. Th. Klassen: Zur Polarisierung des Streites um die Vorschulerziehung, Münster 1970, S. 18.
3) E. Hoffmann: Fröbels Beitrag zur Vorschulerziehung, a.a.O., S. 132.

4.2. Die philosophischen Grundlagen

Fröbel forscht den Gesetzen der Natur nach und versucht von dort aus, die Entwicklung des Menschen zu deuten. Das heißt, allgemeine Gesetzmäßigkeiten des Lebens lassen die Gesetzmäßigkeiten des einzelnen zu erkennen. Die lebendige Einheit soll in der Mannigfaltigkeit erkannt werden.[4] Der Mensch kann die Natur und die menschliche Welt unmittelbar erforschen. In der Entfaltung der Natur sieht Fröbel zugleich etwas Göttliches, das sich aus dem Göttlichen heraus entwickelt, während die Kultur sich aus der Natur heraus entfaltet. Drei Richtungen sind nach Fröbels Auffassung dem Streben des menschlichen Geistes gegeben: die Erforschung der Natur, das Hinabsteigen in sich, das Erheben zu Gott. Diese Drei sind Eins.[5] Allen Lebenserscheinungen liegt dasselbe göttliche Leben zu Grunde.

Letztlich sind alle Erscheinungen eins, Darstellung eines göttlichen Ganzen, das sich jedoch in den Einzelheiten voll entfaltet. Nur wer das Ganze recht erkannt hat, kann sich den einzelnen Teilen richtig zuwenden, in denen er die letzte Einheit, Gott, erkennt.[6]

4) Hier werden Gegensätze deutlich, die letztlich ähnlich wie in Goethes Wilhelm Meisters Wanderjahren als Polaritäten zu verstehen sind. (vgl. auch hierzu: A. Reble; Geschichte der Pädagogik, Stuttgart [11]1971, S. 224).

5) Vgl. A. Reble, Geschichte der Pädagogik, a.a.O., S. 223ff.

6) Als Beispiel führt Fröbel hier vor allem die Kugel an, die in sich Einheit und Mannigfaltigkeit vereinigt. Sie dehnt sich nach allen Seiten aus, ist jedoch gleichzeitig begrenzt. Sie ist ein einfacher Körper und kann doch, wenn sie zerlegt wird, unendlich viele Flächen und Kanten bilden. In dieser größten Einheit bei größter Vielfältigkeit sieht Fröbel das Prinzip des Universums, darum sieht er auch in der Beschäftigung des Kindes mit der Kugel (oder auch mit dem Ball) eine solch große Bedeutung für die kleinkindliche Erziehung, denn sie stellt die Urform aller Körper dar, sie ist das Symbol des Allebens. So wird Fröbels organischmystisches Weltbild zur Grundlage seiner Gedanken über die Erziehung und seiner praktischen Tätigkeit.

Der Mensch ist als Erscheinung und Offenbarung Gottes von Natur aus gut. Die Erziehung soll ihn also nicht dahin bringen, daß er gut wird, sondern sie hat acht zu geben, daß die Triebe, die im Kinde schlummern, nicht in falsche Bahnen gelenkt werden. "Es sind dies die Triebkräfte zur Tat, zur Erkenntnis, zur Gestaltung und Anschauung des Schönen, und zur religiösen Vertiefung, aus denen heraus dann die Triebkräfte zur Erfüllung der Aufgabe und der bewußten Darlebung des Göttlichen kommen."[7] Der Mensch drängt danach, sich seiner selbst bewußt zu werden, zur Selbstbestimmung und zur Freiheit zu gelangen. Dies ist aber schon in dem Menschen selbst angelegt. So soll die Erziehung nicht den Menschen nach einem bestimmten Muster formen, sondern Erziehung, Unterricht und Lehre sollen vielmehr "ursprünglich und in ihren ersten Grundzügen notwendig bildend, nachgehend (nur behütend, schützend), nicht vorschreibend, bestimmend, eingreifend sein."[8] Würden dem Kind vorzeitig Forderungen und Vorschriften auferlegt, so würde dies nur die Triebkräfte des Kindes beeinträchtigen und den ursprünglichen noch unverletzten Zustand vernichten. Erst wenn man erkannt hat, daß der gesunde Zustand verletzt ist, darf die Erziehung eingreifen, dort darf sie "geradezu bestimmend, fordernd" werden.[9] Dies setzt aber voraus, daß der Erzieher das Kind genau beobachtet, daß er erkennt, welche Bedürfnisse die Triebe des Kindes haben und daß er ihnen dann die richtige Nahrung gewährt. In der Erziehung des Kindes soll es nie einen rein äußeren Zwang geben. Alle Erziehung, auch wenn der Erzieher eingreift, soll auf das Innerste, auf den Wesenskern des Menschen gerichtet sein.

Alle Forderungen, die der Erziehende an das Kind stellt, müssen - wenn sie richtige Forderungen sein sollen - deutlich werden lassen, daß die Forderung und der Fordernde nicht

---

7) Muchow, a.a.O., S. 161.
8) Fröbel, F.: Die Menschenerziehung, hrsg. und eingeleitet von Hans Zimmermann, Leipzig 1926, S. 34.
9) Fröbel, F.: Die Menschenerziehung, a.a.O., S. 94.

willkürlich handeln, sondern daß sie "selbst einem ewig
waltenden Gesetz einer unumgehbaren ewigen Notwendigkeit
streng, auch unausweichbar unterworfen (sind), und (daß) so
alle Willkür verbannt sei."[10] Hier wird ein erzieherischer
Bezug hergestellt, der nicht allein eine Verbindung zwischen
Erzieher und Zögling darstellt, sondern seine Berechtigung
aus einer höheren Sphäre herleitet, aus einem allgemeinen
Gesetz alles Lebendigen, dem Erzieher und Zögling unterliegen. Der echte Erzieher, der Lehrer, muß in jedem Augenblicke,
muß in allen seinen Forderungen und Bestimmungen also zugleich
doppelendig, doppelseitig sein: gebend und nehmend, vereinend
und zerteilend, vorschreibend und nachgehend, handelnd und
duldend, bestimmend und freigebend, fest und beweglich.[11]
Indem der Erzieher sich unter das Gesetz stellt, hat sein
Forderndes zugleich das Nachgebende in sich vereint. Dieses
Gesetz dem Kinde bewußt werden zu lassen, ist Aufgabe der
Erziehung.

10) Fröbel, F., a.a.O., S. 41.
11) Fröbel, F., a.a.O., S. 41.

4.3. Die entwicklungspsychologischen Grundlagen

Die Triebe, die das Kind von Natur aus besitzt, die zur Tätigkeit, zur Anschauung des Schönen, zur Erkenntnis und zur Einigung mit Gott führen, sind für Fröbel die Ausgangspunkte für die Erziehung der kleinen Kinder. Diese Triebe sind beim kleinen Kind noch in einer undifferenzierten Einheit vorhanden, durch die Erziehung sollen sie differenziert und zu einer gegliederten Einheit hingeführt werden. Fröbel hat erkannt, daß die Kindheit gegenüber dem Erwachsensein etwas ganz anderes, eigenständiges ist, daß das Kind auch schon auf jeder Entwicklungsstufe eine ihm eigene Ganzheit besitzt. Das neugeborene Kind wird nicht nachher erst Mensch, sondern der Mensch mit all seinen Anlagen und der Einheit seines Wesens erscheint und ist im Kinde schon da."[12] Auf jeder Stufe[13] muß das Kind ganz das sein, was diese Stufe von ihm erfordert, das ist Fröbels Erkenntnis vom Kleinkinde, die er seiner praktischen Tätigkeit zugrunde legt. "Die kräftige und vollständige Entwicklung und Ausbildung jeder folgenden Stufe beruht auf der kräftigen, vollständigen und eigentümlichen Entwicklung aller und jeder einzelnen vorhergehenden Lebensstufe."[14]

Innere Kräfte, die schon im Kinde vorhanden sind und äußere Kräfte, die von außen her auf das Kind einwirken, haben in den verschiedenen Stufen der menschlichen Entwicklung eigene, besondere Aufgaben und Schwerpunkte. Die inneren Kräfte wollen die Welt gestalten, die äußeren Kräfte vom Kinde erfaßt und verarbeitet werden.

12) F. Fröbel, Schriften, hrsg. von Friedrich Seidel, Leipzig u. Wien 1883, Bd. 2, S. 53.
13) Fröbel unterscheidet folgende Stufen der menschlichen Entwicklung: Säugling, Kind, Knabe, Mann und Greis.
14) F. Fröbel, Schriften, hrsg. von Friedrich Seidel, Leipzig u. Wien 1883, Bd. 1, S. 21.

In der ersten, der Säuglingsstufe, nimmt der Säugling vor allem die äußere Welt sinnlich auf, er lernt, seine Sinne für die Eindrücke, die ihm jetzt aus der Außenwelt entgegentreten, zu schärfen. Zugleich macht sich jetzt schon bei ihm ein von seinem Inneren her wirkender Gestaltungstrieb bemerbar, indem das Kind schon durch seine Bewegungen auf die Außenwelt einzuwirken versucht. Für den Säugling sieht er selbst die Innen- und Außenwelt in diesem Stadium noch nicht scharf voneinander getrennt. Das Kind lebt noch in einem Zustand, in dem dem Kind "die Außenwelt, wenn auch in sich immer schon aus denselben Gegenständen und in derselben Gegliedertheit bestehend, aus ihrem Nichts zuerst in gestaltloser Dunkelheit, in chaotischer Verworrenheit, selbst Kind und Außenwelt ineinander schwimmend"[15) erscheint.

Diese Einheit wird erst in der 2. Stufe, die Fröbel als "Kinderstubenstufe"[16) bezeichnet, mehr differenziert. Während das Kind auf der ersten Stufe noch an die Mutter gebunden ist, die es auf ihren Armen trägt, ist dem Kind jetzt auf der 2. Stufe der Raum des Zimmers freigegeben. Es beginnt, seinen Körper, seine Glieder und Sinne selbständig zu gebrauchen. Das Kind lernt jetzt - besonders durch den Gebrauch der Sprache - seine eigene Persönlichkeit kennen. Mit der eintretenden Sprache beginnt "Äußerung und Darstellung des Inneren des Menschen, beginnt Gliederung im Innern des Menschen; es gliedert, es bricht sich das Innere des Menschen und strebt, sich äußerlich kundzutun, zu verkündigen."[17) Diese Stufe der "gewonnenen Selbstigkeit und Persönlichkeit"[18) des Kindes, die Kinderstubenstufe bildet zusammen mit der Säuglingsstufe die erste Hauptstufe in der kindlichen Entwicklung.

15) F. Fröbel, hrsg. von Hans Zimmermann, Leipzig, 1926, S. 64.
16) F. Fröbel: Werke, hrsg. von Seidel, a.a.O., Bd. I, S. 20. s.a. Bd. II, S. 65.
17) F. Fröbel, Werke, hrsg. von Seidel, a.a.O., Bd. I, S. 31.
18) F. Fröbel, Werke, hrsg. von Seidel, a.a.O., Bd. II, S. 65.

Als nächste Hauptstufe des Kindheitslebens folgt dann die "Kindergartenstufe", die ungefähr vom 2. bis zum 6. Lebensjahr reicht. Die ungegliederte Vielheit, die schon als Einheit in dem Kinde angelegt ist, differenziert sich - besonders unter dem Einfluß der Sprache weiter. Durch die Sprache findet das Kind zu seinem eigenen Ich, zu der Welt und sie wird auch gleichzeitig Ausdruck des eigenen Ichs. Das Innerliche wird jetzt vielmehr auf der ersten Stufe veräußerlicht. Dies zeigt sich darin, daß das Kind jetzt gerne zeichnet, sich gerne bewegt. Seine Gestaltungskräfte sind in dieser Phase noch stark und ungebrochen. Wie sie entwickelt werden, ist entscheidend für das ganze weitere Leben. Während in der ersten Hauptphase die Pflege des Kindes im Vordergrund stand, setzt in der 2. Hauptphase[19] die eigentliche Erziehung ein. Diese Erziehung muß aber nach Fröbels Ansicht entwickelnd sein, indem sie zu einer immer weiteren Differenzierung der Kräfte, zu einer immer reineren Entfaltung des göttlichen Wesens im Menschen hinstrebt.

Für diese Erziehung, die auf dieser Stufe vor allem Gemüts- und Herzensbildung sein soll, ist das kindliche Spiel von größter Bedeutung.

---

[19] In der 3. Phase, dem Knaben- oder Mädchenalter, distanziert sich das Kind noch viel stärker von der Welt, für die Erziehung setzt jetzt die Geistes- und Willensbildung ein, es ist die Phase der Schule.

4.4. Fröbels Spieltheorie

Fröbel sagt: "Das Kind ist Leben, seine Spiele und Beschäftigungen sind Lebensdarstellungen."[20] Das Spiel ist nach Fröbels Auffassung für das Kind wie ein Spiegel, in dem es seine Innen- und seine Umwelt wiedererkennt. Das Spiel ist die freie, tätige Darstellung seines Inneren, es geschieht aus innerer Notwendigkeit heraus. Da das Spiel ein rein geistiges Erzeugnis des Kindes auf dieser Stufe ist, gewährt es Freude. Das Spiel des Kindes hat große Bedeutung für sein zukünftiges Leben, für seine Freiheit und Zufriedenheit. "Das Kind, der Zögling, welcher gut und tüchtig spielt, wird auch gut und tüchtig im Kreise seiner Anlagen und Fähigkeiten lernen und ein tüchtiger Mann und Mensch werden."[21]

Da das Spiel für das Kind von solch einer großen Bedeutung ist, wendet Fröbel eine besondere Aufmerksamkeit auf die Beschäftigungsmittel für das Kind. Er erkannte aus Beobachtungen, daß es hierbei eine natürliche Reihenfolge gibt. So beschäftigt sich das Kind zuerst mit seinen eigenen Gliedern. Während ihm anfangs außer den eigenen Händen und Fingern die Finger der Pflegenden und nur einige wenige bewegliche Gegenstände genügen, die es mit seinen kleinen Händen ergreifen kann, fordert es schon nach einiger Zeit seiner Entwicklung Gegenstände, die es ganz frei und ungehemmt gebrauchen kann. Diese Gegenstände sind zuerst noch fest,[22] wie z.B. Kugeln, Holzklötze, Bälle. Vom Alter von 2 bis 3 Jahren an treten formbare Dinge wie Lehm und feuchter Sand hinzu. Es gewinnt dann Interesse an leichteren Gegenständen wie Stäbchen und Fächen und an Papier, Bleistift und Farben. Das Interesse an Zeichnen und Malen setzt ein. In dieser Reihenfolge sieht Fröbel eine Steigerung, eine "Vergeistigung des Spielstoffes", das sich hier im Fortschreiben der schöpferischen Darstellungen des Kindes zeigt.

---

20) F. Fröbels Werke, hrsg. von Seidel, a.a.O., S. 65.
21) Fröbels Werke, hrsg. von W. Lange, Berlin 1862/63, Bd. 1, S. 465.
22) Hierzu zählt Fröbel Kugeln, Holzklötzchen und den Ball als erstes Spielzeug der Kinder.

Fröbel geht nun von dieser "natürlichen Reihenfolge" der Beschäftigungsmittel aus und baut auf ihnen dann seine Spielgaben auf, die er für die Erziehung der Kinder entwickelte.

4.5. Fröbels Beschäftigungsmittel

Fröbel fand seine Spielgaben, indem er die Kinder beobachtete und von ihnen lernte. Er sagte hierzu: "Ich habe alles von den Kindern gelernt und ich gebe nur wieder, was ich empfangen habe. - Ich habe von Müttern und Kindern gelernt und lerne noch täglich von ihnen."[23]

Besonders für die Kleinsten waren Fröbels "Mutter- und Koselieder" bestimmt, die den Müttern Anregungen zu ihrem Umgang mit den Kleinkindern vermitteln sollten. Hier gibt Fröbel den Müttern ein Bilderbuch in die Hand, das zugleich eine Sammlung von Kinderreimen enthält, die Fröbel durch eigene Reime und Gedichte ergänzt hat. Durch dieses Buch sollen die Mütter angeleitet werden, die Sinne ihrer Kleinkinder zu üben, sie dazu zu bringen, die Umwelt zu beobachten. Besonderer Wert wurde auch auf die Darstellung der Fingerspiele gelegt.

Große Aufmerksamkeit schenkt Fröbel auch den Bewegungsspielen der Kinder, hier sammelte er vor allem Kreis- und Turnspiele. Sie haben besonderen Nutzen für die etwas älteren Kinder, die zusammen in der Gruppe spielen sollen. Bei den Kreisspielen lernen die Kinder sich selbst als Teil des ganzen Kreises kennen. Bei den Spielen soll gesungen oder gesprochen werden. Rollenspiele sind vorgesehen, "besonders die Darstellung des Menschen in den mannigfachsten Entwicklungsstufen, Verhältnissen, Berufen, Geschäften und Wirksamkeiten."[24] Fröbel begründet dies tiefenpsychologisch, wenn er meint, daß das Kind in diesen Spielen sein "innerstes, ihm selbst noch unbekanntes, unbewußtes Leben"[25] darstellt, daß es seine gesamte Umgebung in sich aufnimmt und in sich selbst abspiegelt.

23) Posche, H. v., Friedrich Fröbles Kindergarten-Briefe, (Mai, Juni 1852), Leipzig 1887, S. 74.
24) F. Fröbel, Werke, hrsg. von W. Lange, Bd. III, S. 581.
25) F. Fröbel, Werke, hrsg. von W. Lange, a.a.O., S. 581.

Durch all diese Spiele soll das Nachdenken, der Verstand, die Vernunft gepflegt, ausgebildet werden, diese Spiele stellen letzten Endes das freie Spiel einer Kindergruppe dar. Sie werden eingebettet in sein System der Spielgaben, die den Hauptteil seines didaktischen Materials, den entwickelnd-erziehenden Spielgaben, für die Kinder bilden.

Es sind die Spiele mit dem Ball, der Kugel, der Walze und dem Würfel. Fröbel teilt seine Spielgaben entsprechend der Entwicklung des Kindes in 6 Stufen, für die er je eine Spielgabe anbietet.

Ausgangspunkt ist für ihn hierbei der Gedanke, daß einfache Formen am besten die Grundgesetze des Universums spiegeln und daß sie deshalb die Kräfte und Triebe des Kindes am ehesten wecken und ausbilden können.

Als Abbild des Weltalls sieht Fröbel den Ball an, den er als wichtigste, als erste Spielgabe, dem Kinde schon in frühester Jugend geben will. "Das erste Spielzeug muß gleichsam der in sich abgeschlossene Stellvertreter aller räumlichen Gegenstände sein und somit sämtliche allgemeine Eigenschaften derselben an sich tragen."[26]

Für Fröbel ist der Ball ein Auffassungs- und Erkenntnismittel der Außen- und Umwelt des Kindes. In ihm sieht er alle wichtigen Eigenschaften und Erscheinungen der Umgebung des Kindes repräsentiert. An ihm soll das Kind seine eigene Kraft und Fähigkeit selbst erkennen.

Dabei bleibt dem Kinde bei seiner Beschäftigung jedoch die größte Freiheit gelassen. Der Ball und auch die anderen Spielgaben[27], die Fröbel entwickelt hat, wollen die kind-

---

26) Dem Säugling soll ein farbiger Wollball gereicht werden, damit er danach greifen kann. Dieser Ball steht bei Fröbel stellvertretend für alles, was das Kind haben kann.

27) Nach dem weichen Ball sah Fröbel als 2. Spielgabe die schwere feste Kugel an, die ähnliche Eigenschaften wie der Ball besitzt, darüber hinaus aber Lärm erzeugt, wenn sie gerollt wird. Als das rein Entgegengesetzte zur Kugel sollte das Kind jetzt auch den Würfel mit seinen Flächen und Linien kennenlernen, ferner die Walze (Zylinder), die vermittelnd neben Kugel und Würfel steht.

lichen Triebe in ihrer Allgemeinheit ansprechen. Im freien Spiel mit diesen Gaben sollen sich die schöpferischen Kräfte des Kindes entfalten. Alle Triebe und Kräfte im Kinde werden in ihrer Einheit und Ganzheit angeregt und nicht vorzeitig differenziert. So soll das Material, das Fröbel entwickelt hat, der inneren Situation des Kindes entsprechen.

Bei den nächsten Gaben wird der Würfel geteilt, so daß 8 gleichgroße Würfel erscheinen (3. Spielgabe). Bei der 4. Spielgabe erscheinen quadratische Tafeln, die durch Aufteilung des Würfels entstanden sind. Das Kind lernt Länge, Breite, Dicke und Höhe und die Verhältnisse zueinander kennen. Bei der 5. und 6. Spielgabe wird diese Zergliederung weiter fortgesetzt. Fröbel unterscheidet Spiele mit Körpern, mit Flächen, mit Linien und mit Punkten, die miteinander verbunden sind, indem sie vom Zerteilen über Sammeln hin zum Aufbauen und Zusammenfügen führen. (vgl. E. Hoffmann, Fröbels Beitrag zur Vorschulerziehung, a.a.O., S. 133).

4.6. Der Kindergarten

Um diese Gedanken zu verwirklichen, sie den Erziehern und vor allem den Frauen und jungen Mädchen und später auch den Vätern nahezubringen, begann Fröbel besonders seit 1838 auf Reisen nach Dresden, nach Hamburg, in Vorträgen und Zeitschriftenartikeln[28] auf die Bedeutung der Erziehung des Kleinkindes hinzuweisen und die Forderung nach einem "Kindergarten" zu erheben.

Dieser Kindergarten sollte Pflegestätte sein, um die Kinder zu behüten und anzuleiten. Er war als eine Einrichtung gedacht "zur Pflege des Familienlebens und zur Bildung für das Volks- und Menschheitsleben - durch Pflege der Tätigkeits-, des Forschungs- und Bildungstriebes im Menschen, im Kinde als Glied der Familie, des Volkes, und der Menschheit; - eine Anstalt zur Selbstbelehrung, Selbsterziehung des Menschen, wie zur allseitigen, so zur in sich einigen Ausbildung desselben - durch Spiel, schaffende Selbsttätigkeit und freitätigen Selbstunterricht."[29]

Damit wird deutlich, daß Fröbel nicht nur einfach eine Einrichtung schaffen wollte, in der Kinder aufbewahrt werden sollten, sondern eine Stätte, die als Muster einer Beratungsstätte für junge Mädchen und Mütter gedacht war. Fröbel beschränkt seinen Kindergarten also nicht auf Kinder, deren Mütter berufstätig waren, sondern er sieht seine Kindergärten als Einrichtungen für alle Kinder an.

Er wünschte, in jeder Stadt eine solche Stätte einzurichten, die ihren Einfluß von dort aus auf die Familien ausüben sollten und so die Mütter darin unterwies, ihre Kinder richtig zu pflegen, ihnen das richtige Spielmaterial zu gewähren und sie gut zu erziehen. Aus diesem Sinne heraus gründete

---

[28] Fröbel gab 1838 und 1840 in Blankenburg ein "Sonntagsblatt" heraus, 1850 in Liebenstein eine "Wochenschrift".

[29] Fröbels Werke, hrsg. von W. Lange, a.a.O., Bd. III, S. 5; s. auch: E. Hoffmann, Fröbels Beitrag zur Vorschulerziehung, a.a.O., S. 143.

Fröbel 1840 den "allgemeinen deutschen Kindergarten" als einen Verein "für Frauen und Jungfrauen", ihm folgten 1845 die "Erziehungsvereine", die vor allem darauf ausgerichtet waren, die Väter zur Erziehungsarbeit zu gewinnen.[30]

Damit erhielt die Kleinkindererziehung jetzt ein ganz neues Gewicht. Es sollten nicht mehr allein die Kinder armer Leute bewahrt und versorgt werden, sondern diese Einrichtung erhielt jetzt einen eigenen Erziehungsauftrag, der sich an alle Bevölkerungsgruppen wandte und sie für die Erziehung des Kleinkindes gewinnen wollte. Damit durchbrach Fröbel die Schranke der Bewahrungsanstalten und sicherte auch gleichzeitig die Kinder gegen eine zu große Überforderung, indem er immer wieder das Pflegende[31] bei der Behandlung der kleinen Kinder betonte.

So war dem Kindergarten auch ein eigener Garten angeschlossen, in dem die Kinder selbst ein kleines Stück Land bearbeiten konnten und das Wachsen der Pflanzen beobachten konnten.

Fröbel übte mit seiner Idee des Kindergartens starken Einfluß auf Kreise des liberalen Bürgertums und besonders auch auf die Lehrer aus.

Schon kurze Zeit nach der Errichtung des Kindergartens in Blankenburg (1837) verbreitete Fröbel seine Idee des Kindergartens, indem er in verschiedenen Orten Vorträge hielt und dort auch Kindergärten gründete. So reiste er im Winter 1839/40 nach Dresden, wo ein Fröbelscher Kindergarten entstand.

30) So sind diese Vereine gleichzeitig Institutionen zur Kinder- und Jugendarbeit, aber auch Einrichtungen der Erwachsenenbildung (vgl. E. Hoffmann, a.a.O., S. 193).

31) Die Kinder sollen im Kindergarten als die "edelsten Gewächse, Menschen, Kinder als Keime und Glieder der Menschheit, in Übereinstimmung mit sich, mit Gott und Natur erzogen werden." F. Fröbel, Werke, hrsg. von W. Lange, a.a.O., Bd. 3, S. 460. Damit greift Fröbel hier das romantische Bild des Gartens auf als eines Paradieses, das den Kindern zurückgegeben werden soll. (vgl. E. Hoffmann, a.a.O., S. 142).

Besonders nach seiner Übersiedlung nach Keilhau (1845) führte er halbjährige Kurse durch, um Erzieher und Erzieherinnen für die Kleinkinder zu gewinnen. 1848 bestanden Kindergärten, die nach Fröbels Konzeption arbeiteten, in Gotha, Zöblitz, Hildburghausen, Annaburg, Gratz, Dresden, Darmstadt, Lünen und Marienberg.[32]

Besonders wichtig wurde für Fröbel das Jahr 1848. Es gelang ihm, in Rudolfstadt den "Vereinigten Thüringer Lehrerkreis" für seine Idee des Kindergartens zu gewinnen, damit wurde die Idee des Kindergartens in Lehrerkreisen verbreitet. Außerdem war in diesem Jahr das Interesse der deutschen Nationalversammlung für die Kleinkinderpädagogik geweckt worden. Die Sektion für das Volksschulwesen des deutschen Parlamentes erließ einen Aufruf, ihr alle Schriften für das erste Kinderalter bis zu dem Eintritt des Kindes in die Schule vorzulegen.[33]

Die Zeitströmungen, die gesamte gesellschaftliche Situation der Jahre 1847/48 schien für die Verbreitung der Idee der Erziehung und damit auch der Vorschulerziehung besonders günstig zu sein. Gerade dieser Zeitströmung fühlte sich auch Fröbel besonders verbunden. Schon 1813 war er als Studierender in Berlin von dem Gedanken an einer nationalen Erhebung gegen Napoleon so erfüllt gewesen, daß er sich dem Lützower Freikorps angeschlossen hatte.

1848 verfaßte Wilhelm Middendorf, Fröbels Mitarbeiter in Keilhau, eine Schrift, an der auch Fröbel gearbeitet hatte, in der die Kindergärten als die Grundlage einer "einigenden

---

32) Fröbels Brief an Dr. Felsberg vom 7.2.1848 in Kindergartenzeitung 1871, S. 54 u. 55.
33) Weber, a.a.O., S. 237.

Volkserziehung"[34] angesehen wurden. Diese Schrift sandte
Middendorf an die deutsche Nationalversammlung. Fröbels Idee
eines Kindergartens sollte zur Grundlage der Erziehung werden,
um das deutsche Volk zu einem erziehenden Volke werden zu
lassen. "Und wenn erst die Frauen, ihrer Bestimmung gemäß,
als erste Erzieherinnen der Menschheit sich zur Pflege der
Kindheit zusammenfinden, dann werden nach und nach auch die
Männer zur einträchtigen Bildung der Jugend sich verbinden,
und unser Volk, durch eine aus der Wurzel hervortreibende
Einigkeit verjüngt, wird seinen ihm schon lange verheißenen
Beruf ergreifen, ein erziehendes Volk zu sein und zu werden."[35]

Auch der thüringische Lehrerverein, den Fröbel in Rudolstadt
für die Idee des Kindergartens gewonnen hatte, wandte sich
an die Nationalversammlung, um sie zur Förderung von Kindergärten zu veranlassen.

In dem Schreiben, in dem auch auf Fröbel verwiesen wird, fordern die Lehrer eine öffentliche Kleinkindererziehung, um so
den Grundstein einer allgemeinen Volksbildung zu legen.
"Es gilt, vor allem den oft übersehenen, unscheinbaren Grund
zu legen, wenn der Bau der Volksbildung gelingen soll; es
gilt, die bei Reich und Arm, bei Hoch und Niedrig so ganz
unvollkommene häusliche Erziehung der noch nicht schulpflichtigen Kinder durch öffentliche Anstalten hier zu unterstützen,
dort zu ergänzen und der Elementar-Volksschule vorzuarbeiten."[36]

Diese Ergänzung der häuslichen Erziehung durch öffentliche
vorschulische Erziehung, durch die Einrichtungen von Kindergärten, wird als Pflicht des Staates betrachtet, da so
eine umfassende Allgemeinbildung erreicht werden kann.

Diese Anregungen und Forderungen, die an die Nationalversammlung gerichtet worden waren, führten jedoch nicht dazu, daß
die Kindergärten vom Staate stärker gefördert wurden. Schon
im Juni 1849 wurde die Nationalversammlung aufgelöst.

34) Weber, a.a.O., S. 237ff.
35) Weber, a.a.O., S. 242.
36) Weber, a.a.O., S. 242.

Fröbels Werk gedieh aber weiter. 1849/50 wirkte er vor allem in Hamburg, richtete Kurse zur Ausbildung von Kindergärtnerinnen ein. Im März 1850 entstand in Hamburg der erste "Bürgerkindergarten."[37] 1850 gründete Fröbel in Schloß Marienthal ein Seminar für Kindergärtnerinnen. Dort lebte er auch bis zu seinem Tode.

Doch 1851 erlitt Fröbels Werk die stärkste Erschütterung. In Preußen wurden sämtliche Kindergärten "nach Fröbelschem System betreffend" geschlossen. Als Begründung wurde fälschlich angegeben, sie seien "atheistisch" und "sozialistisch".

Teilweise mag eine Verwechselung mit Friedrich Fröbels Verwandten Karl Fröbel, der sich schriftstellerisch radikal betätigt hatte, daran Schuld gewesen sein, insgesamt spiegelt sich in dem Verbot jedoch eine Haltung, die allgemein[38] nach dem Jahre 1845 in der Preußischen Staatsführung bestand, die jegliche liberaler Grundhaltung, die gerade in Preußen Fröbels Werk gefördert hatte[39], zu bekämpfen versuchte.

Die Ausbreitung von Fröbels Idee des Kindergartens konnte dieses Verbot, das bis 1860 bestand, jedoch nicht verhindern.

37) Fröbels Wochenschrift 1850, S. 55 u. 56 (vgl. auch Weber, a.a.O., S. 302).
38) So hatte König Friedrich Wilhelm IV. schon im Januar 1849 in einer Rede vor Seminardirektoren und Seminarlehrern die Schuld an der Revolution von 1848 vor allem den Lehrern gegeben. "All' das Elend, das im verflossenen Jahre über Preußen hereingebrochen, ist Ihre, einzig Ihre Schuld, die Schuld der irreligiösen Menschenweisheit, die Sie als echte Weisheit verbreiten, mit der Sie den Glauben und die Treue in dem Gemüte meiner Untertanen ausgerottet und deren Herzen von Mir abgewandt haben." (aus: H. Kittel, Die Entwicklung der Pädagogischen Hochschulen 1926-1932, Hannover-Darmstadt 1957, S. 18). 1854 folgten die preußischen Regulativen, die die Lehrer zu unterwürfigen staatlichen Dienern erziehen sollte.
39) So hatte besonders ein Vertreter dieser politischen Strömung der Zeit von 1848 - Friedrich Diesterweg - der sich auch sehr für eine Reform der Lehrerausbildung eingesetzt hatte, Fröbels Idee des Kindergartens seit 1849 immer befürwortet.

Die Gründe, die vor allem dazu führten, daß sich Fröbels Kindergärten trotz ihres zeitweiligen Verbotes in Preußen (und später auch in Bayern) insgesamt in Deutschland weiter ausdehnen konnten, waren der unermüdliche Eifer der Anhänger und Schüler Fröbels sowie die politische und gesellschaftliche Lage in Deutschland um 1850.

Nach dem Verbot des Fröbelschen Kindergartens erwies sich die politische Lage in Deutschland für Fröbel zum Vorteil. Das deutsche Reich bestand nach der Niederlage Napoleons aus vielen Groß-, Mittel- und Kleinstaaten. Gerade die Mittel- und Kleinstaaten waren aber diejenigen Gebiete, in denen der Liberalismus bis 1848 am weitesten ausgebildet war, diese Staaten hatten 1848 eine eigene Verfassung erhalten. Auch nach 1848 konnten liberale Kräfte hier teilweise weiterwirken. In diesen Staaten sollte sich Fröbels Idee auch ausbreiten, als Fröbel das Verbot seiner Kindergärten in Preußen traf, dem sich Bayern[40] anschloß. So wurde das Herzogtum Sachsen-Meiningen zu einem Zentrum für Fröbels Aktivität. Der Herzog, der liberal eingestellt und für Fragen der Erziehung sehr aufgeschlossen war, hatte Fröbel schon 1850 das Schloß Marienthal für seinen Kindergarten und als Ausbildungsstätte für die Erzieher der Kinder zur Verfügung gestellt. Nach Fröbels Tod führte Fröbels Mitarbeiter Middendorf das Werk von Keilhau aus weiter.

Kindergärten nach Fröbels Konzeption wurden auch in Baden und Dresden[41] gegründet. In Hamburg erwuchs ein weiteres Zentrum, von dem aus sich Fröbels Idee in dem norddeutschen Raum verbreitete. Bis 1851 waren allein schon 5 Kindergärten, davon 2 "Bürgerkindergärten", entstanden. Hier setzte sich auch Theodor Hoffmann, der Präsident der deutschen Lehrer-

---

[40] Weber, a.a.O., S. 306. Auch das Normativ über die Bildung der Lehrer vom Mai 18 7 war den Preußischen Regulativen nachgestaltet.

[41] Dort wirkten Dr. Gorgens und Dr. Marquardt. Fröbels Gattin siedelte nach Fröbels Tod nach Dresden über und setzte in der Anstalt von Dr. Marquardt die Ausbildung von Kindergärtnerinnen fort.

versammlungen, für Fröbels Werk ein.[42]

Ebenso entstanden Kindergärten und Ausbildungszentren für Kindergärtnerinnen in Kassel und Nordhausen.[43]

In Sachsen-Gotha wurde Fröbels Kindergarten unter dem Schulrat und Landesschulinspektor Dr. Karl Schmidt mit in die Lehrerausbildung einbezogen. So mußten die Seminaristen des Lehrerseminars in Gotha wöchentlich je 2 Stunden den Kindergarten in Gotha, der nach Fröbelschem Muster errichtet war, besuchen, wobei sie eine Stunde in der Theorie und eine Stunde praktisch ausgebildet wurden.[44]

Zu Schmidts Mitarbeitern zählte auch Fröbels Schülerin, Frau Berta v. Marenholtz-Bülow, die eine unermüdliche Kämpferin für Fröbels Ideen wurde. Sie war es auch, die sich besonders für die Verbreitung von Fröbels Kindergärten im Auslande einsetzte. So unternahm sie 1855 Reisen nach Frankreich und 1857/58 nach Belgien, wo sie den Innenminister für Fröbels Ideen gewinnen konnte.[45] Außerdem wirkte sie in Holland (1858), in der Schweiz (1856 u. 1860) und in England (1854-55) für Fröbels Idee.

Gerade unter den Frauen fand Fröbel die stärkste Anhängerschaft. Sie stellten auch die aktivsten Kämpferinnen für seine Ideen, denn gerade auf dem Gebiet der Kinderpflege bot sich für die Frauen ein Weg, zur Selbständigkeit und Gleichberechtigung zu gelangen. Diese Frauenbewegung, die jetzt mit dazu beitrug, daß Fröbels Idee des Kindergartens weiter verbreitet wurde, hatte ihren Ursprung in der zunehmenden Berufstätigkeit der Frau. Gerade die Industrialisierung

[42] In Lehrerkreisen - besonders auch in Preußen nach dem Verbot der Kindergärten - wirkte Friedrich Diesterweg in seinen "Rheinischen Blättern", einer Zeitung, die vor allem für Lehrer gedacht war, für Fröbels Idee. Diesterweg hatte auch die Eröffnungsrede des 1. Kindergartens in Berlin am 3. August 1851 gehalten.
[43] Kindergartenzeitung, a.a.O., 1970, Nr. 6, S. 85.
[44] Kindergartenzeitung 1864, Nr. 6, S. 87.
[45] Kindergartenzeitung 1864, Nr. 4, S. 61.

bewirkte eine Verstärkung der Frauenarbeit. Politisch hatte sich die Idee der Frauenbewegung seit 1789[46] vor allem durch den Liberalismus verbreiten können. Die Revolutionszeit von 1848 trug mit dazu bei, den Gedanken zu fördern, daß auch die Frauen dieselben Rechte wie die Männer beanspruchen durften[47]. Besonders das Recht der Frau auf Bildung, Arbeit und freie Berufswahl[48] konnte auf dem sozialpädagogischen Gebiet seit der Gründung von Schulen, in denen Frauen für einen Beruf ausgebildet wurden, am erfolgreichsten vertreten sein. Fröbels Gründungen von Kindergärtnerinnenseminaren boten für eine Frauenbildung den besten Ansatzpunkt.

So entstanden Frauenvereine, die sich die Einrichtung von Kindergärten und Kindergärtnerinnenseminaren zum Ziel gesetzt hatten.[49]

Besonders aktiv wirkten neben Berta von Marenholtz-Bülow auch Henriette Schrader-Breymann[50], Johanna Goldschmidt, Karoline Wieseneder und Angelika Hartmann.[51]

46) So hatte Olympe de Gonges, eine französische Revolutionärin, schon 1789 die Gleichberechtigung der Frau gefordert. Mary Wollstorecraft trat 1792 für die Gleichstellung mit dem Manne ein.
47) So gründete Luise Otto-Peters 1849 die erste wöchentliche Frauenzeitschrift.
48) Dies war die Forderung des Allgemeinen Dt. Frauenvereins, der 1865 von Luise Otto-Peters gegründet wurde.
49) So 1861 in Dresden und in Berlin. 1862 errichtete der Frauenverein in Berlin eine Bildungsstätte für Kindergärtnerinnen. 1864 der Verein für "Familien- und Volkserziehung" in Berlin schuf eine Sonntagsschule für Kinderpflegerinnen und ein Seminar für Kindergärtnerinnen.
50) E. Hoffmann, a.a.O., S. 38.
51) Angelika Hartmann leitete in Leipzig das Seminar für Kindergärtnerinnen. Karoline Wieseneder schuf in Braunschweig den ersten "musikalischen Kindergarten", indem sie verstärkt den Einsatz musikalischer Elemente, vor allem den Gesang, in Fröbels Idee des Kindergartens einbaute, Johanna Goldschmidt gründete 1862 in Hamburg einen "Fröbel-Verein". (vgl. auch Weber, a.a.O., S. 318).

Vor allem aber wurde Fröbels Idee des Kindergartens in
Deutschland und im Ausland durch die "Fröbel-Vereine"
verbreitet.

Diese Bewegung begann 1859 mit der Gründung des "Berliner
Vereins zur Beförderung Fröbelscher Kindergärten". Mitglieder des Vereins sandten eine Petition an die Preußische
Regierung[52], um zu erreichen, daß das Kindergartenverbot
aufgehoben wurde. 1860 hatten die Bemühungen Erfolg, das
Verbot von Fröbels Kindergärten wurde in Preußen aufgehoben.[53]

Die Fröbelvereine wirkten besonders in Thüringen. 1859
hatten sich hier Lehrer und Kindergärtnerinnen, die "Thüringer Fröbelfreunde", zu Tagungen zusammengefunden. 1863
wurde ein fester Verband gegründet, der "Deutsche Fröbel-
Verein", zunächst für Thüringen. Ziel dieses Verbandes wurde
es, den Fröbelschen Kindergarten zu einer Vorstufe der Schule werden zu lassen. Aus diesem Grunde reichten seine Mitglieder 1866 eine Denkschrift an die deutschen Regierungen
und an die österreichische Regierung, um dieses Ziel zu erreichen. 1874 schlossen sich alle Fröbelvereine[54] zum Deutschen Fröbelverein zusammen.

---

52) In Preußen hatte 1858 Prinz Wilhelm, der Bruder Friedrich
Wilhelms IV., die Regierungsgewalt übernommen, der ein
gemäßigtes, liberales Ministerium ernannte.
53) 1861 folgte daraufhin die Gründung des "Volkskindergartens" in Berlin, 1862 wurde eine Bildungsanstalt für
Kindergärtnerinnen geschaffen.
54) Eine Ausnahme bildete nur der Fröbelverein Dresden.

5. Caritative Lösungen zur Überwindung der sozialen Not, hervorgerufen durch die Industrialisierung und die zunehmende Verstädterung - Initiativen der evangelischen und katholischen Kirche -

Während Fröbels Kindergarten besonders von Frauenvereinen und Lehrerverbänden getragen wurde, die vor allem die ganzheitliche Bildung der Kleinkinder vor Augen hatten und den Kindergarten im Sinne einer allgemeinen Volkserziehung zu einer Vorstufe der Schule werden lassen wollten, entstanden neben Fröbels Kindergärten zur gleichen Zeit Einrichtungen für kleine Kinder, die vor allem aus caritativen Bestrebungen hervorgingen und ihre Hauptstütze zuerst in der Evangelischen und zeitlich später auch in der Katholischen Kirche fanden: der "Oberlinverein" und der "Zentralverband katholischer Kindergärten und Kinderhorte Deutschlands".

5.1. Die evangelische Kleinkinderschule - der Oberlinverein

Hervorgegangen waren die evangelischen Kindergärten[1], die ihre Tradition auf Pfarrer Oberlin und Pauline von Lippe-Detmold zurückführten und seit 1911 den Namen "Kindergarten" an Stelle der Bezeichnung "ev. Kleinkinderschule" trugen, aus der sozialen Not der Zeit zwischen 1830 und 1850, die sich vor allem in der Not der Landbevölkerung und der ärmeren Stadtbevölkerung zeigte. Hier wurde die Tradition des Kindergartens als "Notschule" fortgesetzt. Der Gründer dieser caritativen Einrichtung ist Theodor Fliedner.

1823 herrschte in der kleinen Gemeinde Kaiserswerth bei Düsseldorf sehr große Not. Eine Seidenfabrik hatte ihre Tore geschlossen, die Lage der Arbeiter war so schlecht, daß sich Theodor Fliedner, als Pastor der Gemeinde in Kaiserswerth, entschloß, eine Kollektenreise nach Holland und England zu unternehmen, um finanzielle Mittel zu erhalten. 1832 wiederholte Fliedner diese Kollektenreise. In England lernte er schon 1824 Wilderspin und seine "infant-school" in Spitalfields (London) kennen.

Nachdem Fliedner 1833 begonnen hatte, entlassenen weiblichen Gefangenen ein Asyl zu gewähren, dehnte er 1835 seine Arbeit auf die Sorge für die Kleinkinder seiner Gemeinde aus. Das Motiv, das ihn hierbei leitete, ist die "christliche Liebespflege", die Sorge um die Kinder, die in den Fabrikstädten verwahrlosten und verkamen, vor allem weil ihre Mütter durch lange Fabrik- oder sehr anstrengende Heimarbeit nicht für sie sorgen konnten. Fliedner schreibt selbst: "In hiesiger Stadt gibt es, wie an anderen größeren Orten, eine Menge Eltern, welche durch ihren Broterwerb, durch Fabrik- und andere Arbeit

---

1) Die ev. Kleinkinderschulen übernahmen zwar ab 1911 den Namen Kindergarten, ohne jedoch zugleich Fröbels Ideen und sein Anschauungsmaterial vollständig anzunehmen.

den größten Teil des Tages außer dem Hause zubringen müssen, die durch strenge Berufsarbeit im Hause von der Pflege und Beaufsichtigung ihrer Kinder abgezogen werden, so daß diese die meiste Zeit sich selbst überlassen blieben. Zum Teil werden sie eingesperrt, wo sie gedankenlos in dumpfer Luft hinbrüten oder durch Klettern auf Stühle und Bänke, durch Feuer, Messer und dgl. sich oft beschädigen, so daß Leib und Seele, statt gepflegt und entwickelt zu werden, von früh auf welkt und verkümmert."[2] Aus diesem Grunde veranlaßte Fliedner den Regierungspräsidenten von Düsseldorf, einen "Ausschuß zur Errichtung einer evangelischen Kinderschule" zu gründen. Am 4. Mai 1835 wurde die Kleinkinderschule in Düsseldorf eröffnet. Im Herbst 1835 gründete Fliedner dann in Kaiserswerth eine "Strickschule" für Kinder armer Leute, die 1836 zu einer Kleinkinderschule für Kinder aller Konfessionen umgewandelt wurde.[3] Die Kinder betrachtete Fliedner als eine Hoffnung für die Kirche und den Staat. Aus diesem Grunde versuchte er, Frauen für die Betreuung der kleinen Kinder zu gewinnen. In der Kleinkinderschule sieht Fliedner - wie er 1836 schreibt - die Möglichkeit, sie mit der Diakonissenarbeit zu verbinden und so ein wahrhaft inländisches Missionswerk zu schaffen.[4]

Von 1837 an war Fliedner bestrebt, die evangelische Kinderpflege über Kaiserswerth hinaus zu verbreiten. Indem er die Aufgabe der Kinderpflege als eine Aufgabe der Diakonie ansah, entstanden im Rahmen der Diakonissenmutterhäuser Seminare für Erzieherinnen für Kleinkinder. Zusammen mit der Diakonie verbreitete sich so auch die Idee der "Evangelischen Kinderpflege".

2) Jahresbericht über die evangelische Kleinkinderschule in Düsseldorf, in: Das erste Jahr der Diakonissenanstalt zu Kaiserswerth a.Rh. vom 13. Oktober 1836 bis 1. Januar 1847 in einem Abdruck des ersten Zehnjahresberichtes nebst einem Vorwort. Verlag der Diakonissenanstalt zu Kaiserswerth am Rhein, S. IV.
3) Diese Schule wurde von Henriette Fridenhaus geleitet.
4) Brief vom 20. Oktober 1836 (Gehring, a.a.O., S. 107).

Indem Fliedner an Oberlin anknüpfte und die "Ev. Kinderpflege" im Rahmen der Diakonie ausbaute, gab er damit dem Gebiete der Vorschulischen Erziehung einen wichtigen Impuls.

Fliedners "evangelische Kinderpflege" wurde zu einem Hauptbestandteil der Inneren Mission der ev. Kirche, ähnlich wie - auf katholischer Seite - wenn auch zeitlich später - die kirchlichen Kindergärten der Caritas unterstellt wurden.

Ihre eigentliche Gründung erlebte die Innere Mission auf dem Wittenberger Kirchentag (21. - 23. September 1848), bei dem Johann Heinrich Wichern dazu aufrief,[5] die Not, die die ganze Gesellschaft litt, und zwar die äußere und die innere Not, die die Menschen bedrückte, zu lindern.

Mit der Ausbreitung der Inneren Mission vollzog sich gleichzeitig die Ausbreitung der evangelischen Kinderpflege. So gingen von dem 1. Kongreß des Provinzialvereins für Innere Mission in Ostpreußen 1850 Initiativen aus, Kindergärten (in Ostpreußen) auf dem Lande zu schaffen.

In Neudettelsau wurde schon 1836 eine Einrichtung für Kleinkinder gegründet, ab 1856 wurde dem Diakonissenhaus eine Ausbildungsstätte für Erzieherinnen für Kleinkinder angeschlossen. Am weitesten ging die Entwicklung der Evangelischen Kinderpflege in Schlesien. "Sommerschulen" wurden in Kleinkinderschulen umgewandelt, 1868 eine Diakonissenanstalt für Erzieherinnen kleiner Kinder in Frankenstein als Ergänzung einer Kleinkinderschule gebaut.

Vorbild war Fliedners Einrichtung in Kaiserswerth.

1871 erhielt die Evangelische Kinderpflege erneut entscheidende Impulse durch Johannes Hesekiel und den Freiherrn von Bissing-Beerberg.

5) Vgl. Wichern, Johann Heinrich, "Die Innere Mission der deutschen evangelischen Kirche, eine Denkschrift an die deutsche Nation, eine Anfrage des Centralausschusses für die Innere Mission, verfaßt von J.H. Wichern." (Neuausgabe hrsg. von B. Gerhardt) Hamburg 1948.

Johannes Hesekiel, Vereinsgeistlicher der Inneren Mission in Magdeburg, veröffentlichte 1871 eine Schrift über "Die Kleinkinderschule in ihrer Bedeutung für die Arbeiterfrage", [6] die er im Auftrage des Provinzialvereins für die Innere Mission der Provinz Sachsen herausgab. Er weist besonders auf die soziale Lage der Kinder der arbeitenden Bevölkerung hin.

Um 1870 setzte ein erneuter, verstärkter Industrialisierungsprozeß in Deutschland ein. Die Produktionsmethoden hatten sich seit dem Ende der 60er Jahre stark gewandelt, 1869 begann eine Investitionskonjunktur, die bis 1873 (Gründerjahre) dauerte, zahlreiche Fabriken wurden neu gegründet, die Technisierung durch den Einsatz von immer neuen Maschinen vorangetrieben. Gleichzeitig stieg aber auch die Investition in der Landwirtschaft, das Streckennetz der Eisenbahnen wurde stark ausgebaut. Die Umverteilung der Bevölkerung, eine Wanderungsbewegung aus den ländlichen Zentren - vor allem aus Ost-Westpreußen, Posen und Schlesien - in die westlichen industrialisierten Gebiete setzte ein. Das Wachstum der Bevölkerung hielt an. Immer neue Mietskasernen entstanden in den Industriegebieten. Die Industrialisierung führte nicht nur zu einer Zusammenballung der Industrie, sondern auch zu einer Zusammenballung der Bevölkerung, zu einer neuen Welle der Verstädterung. Mietshäuser, "Zechenkolonien" beherrschten das Bild der Großstädte. Die Arbeitswelt, die von wirtschaftlichen Interessen her gestaltet wurde, prägte nun das Bild für immer mehr Menschen. Bürgertum und Arbeiter standen sich jetzt in verstärktem Maße als "Klassen" gegenüber, die Forderung nach mehr Mitbestimmung in der Politik wurde im Kampf gegen das Dreiklassen-Wahlrecht in Preußen besonders deutlich. Vor allem trat jetzt aber der Gedanke der sozialen Not viel stärker in den Vordergrund, nicht nur in den politischen Forderungen, in denen der Schutz der Menschen bei Krankheit, bei Arbeitslosigkeit jetzt verstärktes Interesse gewann, sondern allgemein im gesellschaftlichen Bereich. Themen des Arbeitslebens, der

---

6) J. Hesekiel, Die Kleinkinderschule in ihrer Bedeutung für die Arbeiterfrage, Magdeburg 1871.

sozialen Not wurden von den Kirchen aufgegriffen - so von Bischof Ketteler und Adolf Kolping, was auf katholischer Seite[7] zur Gründung der Gesellenvereine, Einrichtungen für die Jugend und 1897 der Caritas durch Lorenz Werthmann führte.

Auf evangelischer Seite bewogen die sozialen Nöte J. Hesekiel - im Sinne Wicherns - auf die Not vor allem der Kinder hinzuweisen, deren Mütter außerhalb des Hauses arbeiteten. In der christlichen Kleinkinderschule sieht er eine Einrichtung, "den ihr übergebenen Kindern die Mutter und das Haus zu ersetzen".[8] Diese Ersatzfunktion kann nach seiner Ansicht Fröbels Kindergarten nicht gewährleisten, da diese Kindergärten im allgemeinen die Kinder nur für höchstens 6 Stunden aufnehmen. Die Kleinkinderschule sollte dazu beitragen, die Kinder angemessen zu beschäftigen und sie vor Müßiggang zu bewahren. Stark wird das Christliche betont. So soll den Kindern wie in einer christlichen Familie die rechte Stellung zur Welt und die wahre Haltung gegenüber Gott vermittelt werden.

Diese Schrift wurde auf Empfehlung der Preußischen Regierung der Generalkonferenz der Geistlichen von 1872 vorgelegt, die über das Problem der vorschulischen Erziehung beriet und beschloß, sich gegen eine für alle Kinder verpflichtende Vorschulerziehung auszusprechen und die Initiative zur Errichtung den Gemeinden und der Kirche zu überlassen.[9] Der Gedanke einer allgemein verbindlichen Vorschulerziehung für alle Kinder wurde hier abgelehnt, die Kleinkinderschule bzw. der Kindergarten wurde nur als ein Notbehelf angesehen, vor allem für Kinder, deren Eltern in den Fabriken arbeiten. Grundsätzlich wurde das Elternhaus als der Ort angesehen, wo die Kinder aufwachsen und erzogen werden sollten.

7) Vgl. F.J. Stegmann, Geschichte der sozialen Ideen im deutschen Katholizismus, in: Geschichte der sozialen Ideen in Deutschland, Deutsches Handbuch der Politik, hrsg. von W. Gottschalch, F. Karrenberg und F. J. Stegmann, München 1969, Bd. 3, S. 327ff.
8) Hesekiel, Johannes, Die Kleinkinderschule und ihre Bedeutung für die Arbeiterfrage, Magdeburg 1871, S. 5ff.
9) J. Gehring, a.a.O., S. 152.

Noch stärker als J. Hesekiel wirkte der Freiherr von Bissing-Beerberg für die "Ev. Kleinkinderschule". Er verbreitete vor allem in Norddeutschland den Gedanken dieser Erziehungseinrichtung.

1871 gründete er "das Zentral-Komitee des Oberlinvereins für die christliche Kleinkinderschule in Deutschland". Damit war - ähnlich wie der Fröbelverein - ein Träger für die christliche Kleinkinderschule geschaffen.

Bissing betont deutlich die Tradition der "Ev. Kleinkinderschule", die auf Oberlin zurückweist. In der praktischen Arbeit beruft er sich auf Fliedner. So will er die Kinderpflege und mit der kirchlichen Gemeindearbeit verbinden und "Mutterhäuser" für die Erzieherinnen der Kleinkinder gründen. Während Hesekiel vor allem auf die Not der Kinder in den Städten hingewiesen hatte, verweist Bissing-Beerberg auf die Wichtigkeit der Kleinkinderpflege auf dem Lande. Gerade dort soll die Kinderpflege zum Ausgangspunkt jeglicher Gemeindearbeit werden. Vor allem legte Bissing großen Wert auf die Ausbildung der Erzieherinnen, da er erkannte, daß von ihrem Ausbildungsstand die Leistungsfähigkeit der "Ev. Kleinkinderschule" abhing.

In einer Weberkolonie bei Potsdam gründete Bissing 1874 das erste "Oberlinhaus" als Mutterhaus zur Ausbildung der Erzieherinnen für Kleinkinder, die hier - in der Tradition Fliedners - den Namen Diakonissen erhielten.

Die Oberlin-Vereine breiteten sich recht schnell aus, so in Norddeutschland, in Brandenburg, Schlesien, West- und Ostpreußen. Christliche Kleinkinderschulen wurden gegründet, in denen der Grundgedanke Bissings, die Verbindung von Gemeindearbeit mit der Sorge für die Kleinkinder, zur Geltung kam. Daneben wirkten Bissings Gedanken stark in der Inneren Mission, so daß die Ideen des Oberlinvereins in ganz Deutschland verbreitet wurden.

Besonders setzte sich Bissing dafür ein, daß der Staat die
Ausbreitung der Kleinkinderschulen stärker fördern,
dort Zuschüsse gewähren sollte, wo die privaten Mittel
nicht ausreichten. Eine Verstaatlichung der Kleinkinderschulen
lehnte er jedoch ab. Die christliche Kleinkinderschule sollte eine private Institution bleiben, die zwar den Schutz und
die finanzielle Unterstützung des Staates in Anspruch nehmen,
jedoch frei von jeglicher staatlichen Autorität sein. Die
Kleinkinderschule wollte er nicht so reglementiert sehen
wie die Volksschule. Andererseits sollte sie aber ein nationa-
les Anliegen des Volkes werden, d.h., das Volk wurde aufgeru-
fen, sich allgemein der Kleinkinderschule anzunehmen. Mit
staatlicher Unterstützung wollte er überall dort solche Einrichtungen geschaffen werden, wo die Not der Kinder es erforderte.

Bissings Wunsch, das ganze Volk für die Idee der Kleinkinderschule zu begeistern, ging nicht in Erfüllung. Neben dem von
ihm geschaffenen Oberlinverein blieb vor allem die Innere
Mission die Hauptträgerin der Kleinkinderschulen, die neu
gegründet wurden.[10]

Bissings Verdienst ist es aber auch, daß er 1870 eine Zeitschrift "Die christliche Kleinkinderschule" gründete, um es
so den verschiedenen Ausbildungsstätten zu ermöglichen, ihre
Erfahrungen miteinander auszutauschen, und die Interessen der
Kleinkinderpflege gegenüber der Öffentlichkeit zu vertreten.
Neben dem Aufschwung, den die ev. Kinderpflege nahm[11], ist
es vor allem Bissings zu verdanken, daß die Regierungen der
einzelnen deutschen Länder ab 1871 mit Erlassen die vorschulische Erziehung förderten, so vor allem in Preußen, in Hannover und Württemberg.

10) So in Speyer, in Dresden, in Schmiedeberg (Erzgebirge),
    Sachsen, in Bethel. Ab 1881 erfolgten zahlreiche Gründungen
    von "Kleinkinderlehrerinnen-Seminaren" in Kassel (1881),
    Kreuznach (1889), Frankfurt a.M. (1892), Darmstadt (1894),
    Frankfurt a.d.O. (1896), Witten (1897), Augsburg (1899),
    Grünberg in Schlesien (1906), Dessau (1905), Rotenburg
    (Hannover 1905), Eisenach (1907), Halle (1908), Altona
    (1909), Berlin (1911 u. 1912). Vgl. Gehring, a.a.O., S. 165.
11) So arbeiteten 1875 148 Schwestern in 135 Kinderschulen,

Während der Oberlinverband und der Fröbelverband einander
noch 1870 ablehnend gegenüberstanden, erfolgt seit den 80er
Jahren eine stärkere Annäherung, als auch in den Fröbelvereinen der soziale Aspekt ähnlich wie bei v. Bissings, allmählich gegenüber dem pädagogischen Anliegen der ersten Zeit
stärker in den Vordergrund trat. Dies ist auch ein Verdienst
Frau Henriettes Schrader-Breymanns, die in Berlin Volkskindergärten[12], die von Frau Marenholz-Bülow gegründet waren, ab
1873 dahingehend ausbaute, daß sie die Bedeutung der hauswirtschaftlichen Tätigkeit stärker betonte und die Ideen
Pestalozzis stärker in Fröbels Gedankengut einfließen ließ.
Die sozialpädagogische Ausrichtung des Kindergartens in dem
Sinne, daß Kindergärten als "Nothilfeinstitutionen" angesehen
wurden, greift so unter dem Einfluß der zunehmenden Industrialisierung auch immer stärker auf die Kindergärten Fröbelscher
Konzeption über. Der ursprüngliche Gedanke Fröbels, eine
Grundlage für eine allgemeine neue Erziehung zu legen, die
vor allem als Muster einer Familienerziehung gelten sollte,
trat nun mehr und mehr zurück. Andererseits übernahmen auch
die Kleinkinderschulen des Oberlinvereins und der Inneren
Mission nach und nach Spielelemente Fröbels, ohne jedoch den
Grundgedanken der betont christlichen Erziehung aufzugeben.

1925 2347 Schwestern in 1848 ev. Kinderschulen, die
jetzt in "Kindergarten" umbenannt waren. (Vgl. Gehring,
a.a.O., S. 165.)

12) 1874 gründete Henriette Schrader den "Verein für Volkserziehung", der der Träger des Pestalozzi-Fröbel-Hauses
wurde. (Vgl. E. Hoffmann, a.a.O., S. 110).

5.2. Der Zentralverband katholischer Kindergärten und Kinderhorte Deutschlands

Der Gedanke der betont christlichen Erziehung der Kleinkinder führte auf katholischer Seite ebenfalls zu einer verstärkten Gründung von Einrichtungen für kleine Kinder. Ursprünglich waren diese Einrichtungen meist den Klöstern angeschlossen. So gab es bereits 1782 eine Kleinkinderbewahranstalt der Ursulinerinnen in Straubingen, Niederbayern[13], die von der Oberin Staniela Schorrer geleitet wurde. In diese Kleinkinderschule nahm man Mädchen im Alter von 4 und 5 Jahren auf, um zu erreichen, daß die Kinder nicht auf der Straße herumlaufen sollten und dort Gefahren ausgesetzt seien. Ferner wollte man verhindern, daß sie in der Obhut von untauglichen "Kindesmägden" heranwuchsen. Die Kinder sollten zum Lernen ermutigt und für den Schulunterricht vorbereitet werden.

Damit geht diese vorschulische Einrichtung schon 1782 in ihrer Zielsetzung über eine reine Bewahranstalt hinaus. Es wird auch nicht gesagt, daß nur Kinder armer Leute aufgenommen wurden, vielmehr wird hier von "Kindesmägden" gesprochen, denen die Kinder sonst anvertraut waren. Da vor 1800 sehr oft in Kreisen des Bürgertums Frauen und junge Mädchen mit der Pflege der Kinder beauftragt wurden, scheinen hier Kinder der Armen und des Bürgertums in dieser vorschulischen Einrichtung aufgenommen worden zu sein.

Wie überliefert ist,[14] besuchten 1782 80 Mädchen diese Kleinkinderschule, in der sie von 2 Nonnen betreut und unterrichtet wurden.

In folgender Zeit wurden die katholischen vorschulischen Einrichtungen ebenso wie die evangelischen durch die Initiative einzelner Persönlichkeiten sowie durch Gesellschaften zur Förderung der Kleinkinderschulen, die in Städten entstanden,

---

13) Vgl. hierzu: M. Lenarz, Kindergartenarbeit, in: Concepte, hrsg. von K.H. Hengolt, Köln 1970 (Heft März/April), S. 2.
14) Vgl. M. Lenarz, a.a.O., S. 2.

verbreitet. So übernahm der Bischof von Leitneritz, Vincenz Eduard Milde, 1832 die Leitung des Präsidiums des "Hauptvereines für die Wiener Kleinkinderbewahranstalten."[15]

Einen größeren Aufschwung erlebten die katholischen Kindergärten durch die Gründung der Caritas, die Lorenz Werthmann 1897 mit ihrer Zentrale in Freiburg schuf.[16] Ziel Lorenz Werthmanns war es - analog zum Zentralausschuß der Inneren Mission - sämtliche caritativen Einrichtungen der katholischen Kirche, die durch Einzelinitiativen als Stiftungen oder Gründungen von Orden, Vereinen oder Einzelpersönlichkeiten entstanden waren und nur wenig Kontakt zueinander hatten, unter einer gemeinsamen Organisation zusammenzufassen.

Im Rahmen dieser Initiative zur Sammlung aller caritativen katholischen Einrichtungen wurde 1912 der "Zentralverband der katholischen Kinderhorte" gegründet, mit dem Ziel, eine einheitliche katholische Kinderfürsorge zu schaffen.[17] 1916 bezog man auch die Kinderbewahranstalten mit in die Verbandsarbeit ein und vereinigte sie 1920 mit den Kinderhorten zum "Zentralverband katholischer Kindergärten und Kinderhorte".

Am bekanntesten wurde auf dem Gebiet der katholischen Kindergartenarbeit jedoch eine Persönlichkeit, deren Tätigkeit bis heute dem gesamten Kindergartenwesen wichtige Impulse gegeben hat: Maria Montessori, deren Pädagogik auf das engste mit einer der bedeutendsten pädagogischen Strömungen, der "Pädagogischen Bewegung vom Kinde aus" - und damit der Reformpädagogik - verbunden ist.

---

15) Wirth, a.a.O., S. 297.
16) Vgl. Festschrift: "Vom Werden und Wirken des Deutschen Caritasverbandes" zu seinem 60. Bestehen, Freiburg i.Br. 1957.
17) Vgl. M. Lenarz, a.a.O., S. 2.

6. Die Theorie der "Pädagogischen Bewegung vom Kinde aus" und ihr Einfluß auf die vorschulische Erziehung - Die Entwicklung der Vorschulerziehung nach 1900

6.1. Die Grundgedanken der Reformpädagogik

Eine der größten pädagogischen Bewegungen erfaßte Anfang dieses Jahrhunderts nicht nur Deutschland, sondern auch die Nachbarvölker und wirkte bis in die USA: die Bewegung der Reformpädagogik, die sich auf das gesamte Erziehungs- und Bildungswesen erstreckte.

Die Wurzeln dieser Reformbewegung liegen bei den großen Pädagogen des 18. und 19. Jahrhunderts, die sich vor allem der Bedeutung des Kindes zugewandt hatten, bei Rousseau, Pestalozzi und Fröbel, an die die Reformpädagogen immer wieder anzuknüpfen versuchten.

Von einem eigentlichen Anfang dieser pädagogischen Bewegung spricht man jedoch allgemein erst seit dem Jahre 1900, dem Jahr, in dem das Buch der Schwedin Ellen Key "Das Jahrhundert des Kindes" erschien. Ihr Ende fand diese Bewegung in Deutschland mit dem Jahre 1933, als der Nationalsozialismus die reformpädagogischen Strömungen unterdrückte.

Die reformpädagogische Bewegung zeichnete sich in Deutschland dadurch aus, daß sie Kritik an der sozialen Situation, an der Bildung des Volkes und vor allem an der Haltung und Einstellung gegenüber dem Kinde, wie sie im ausgehenden 19. Jahrhundert vorherrschte, übte.

Gegen Ende des 19. Jahrhunderts setzte geschichtlich ein neuer Abschnitt ein, die Zeit des Bürgertums neigte sich dem Ende zu. Es begann das Zeitalter des Ringens um die moderne Demokratie und das Zeitalter des Imperialismus. Weltpolitische Spannungen verschärften den Gegensatz zwischen den großen Nationen. Die Zahl der politischen Krisen nahm zu. Der Weltverkehr und die moderne Industrie, die besonders in Deutschland seit 1871, den Gründerjahren, einen Aufschwung genommen hatte,

erlebte nach einer kurzen Krisenzeit sprunghafte Ausweitung.[1]
Immer mehr Großbetriebe wurden gegründet. Die Bevölkerung
nahm weiterhin stark zu, die Zahl der Arbeiter und Angestellten stieg. Arbeiterbewegungen entstanden, erlebten einen politischen Aufschwung und entwickelten auch eigene kulturelle
Bestrebungen gegenüber dem Bürgertum. Die Technik und Zivilisation traten immer stärker gegenüber der Kultur in den Vordergrund.

Aus dem Gefühl, in einer Zeit der Krise zu leben, in einer Zeit
zu leben, die nur an den Fortschritt und an die Steigerung
der materiellen Bedürfnisse dachte, setzte die Kritik ein,
die die Grundlage einer pädagogischen Bewegung bildete. Es
war die Kritik, die vor allem an der Wissenschaft, an dem
nationalistischen Geist der Zeit und an dem intellektuellen
Streben geübt wurde.

Eine große Kluft bestand zwischen dem Bildungsstand des Volkes und den Gelehrten. Nur ein geringer Teil des Volkes hatte
eine gute Schulbildung. Forderungen nach einer Verbesserung
der Volksbildung wurden erhoben,[2] die Spezialisierung der
Wissenschaften und die damit verbundene einseitige Ausrichtung
des Bildungswesens kritisiert. Vor allem sollte die Bildung
aus dem Volke herauskommen. So verkündet in Deutschland Julius
Langbehn in seinem "Rembrandtdeutschen" eine neue Bildung,
die vor allem von der Kunst beeinflußt, das Irrationale ebenso wie das Rationale zur Geltung kommen lassen wollte. Deutlich wurde die Skepsis an den kulturellen Errungenschaften[3],
in denen vor allem das Materielle den größten Wert zu besitzen
schien. Zu dieser Kritik an der Bildung gesellte sich die Kritik an den gesellschaftlichen Zuständen, die um 1900 in Deutschland herrschten.

1) Vgl. W. Treue, Quellen zur Geschichte der industriellen
   Revolution, Göttingen 1966, S. 189.
2) J. Langbehn, Rembrandt als Erzieher. Von einem Deutschen.
   Leipzig ^{8}1890.
3) Vgl. Nietzsche und Schopenhauer.

Die Literatur nahm mit der Strömung des Naturalismus die Not der Menschen in die Literatur mit auf. Die realistische Darstellung der Armut, der sozialen Bedingungen, unter denen viele zu leiden hatten, wurde in der Literatur jetzt zum Thema und stand im Gegensatz zu der bürgerlichen Welt um 1900.

Besonders aber begann die Frauenbewegung verstärkte Aktivitäten zu entwickeln und auf sozialem Gebiet zu wirken.

Diese Bewegung wollte besonders um 1900 nicht nur die Gleichberechtigung erlangen und der Frau eine andere, bessere Stellung in der Gesellschaft zukommen lassen, sondern sie wollte - wie besonders in den Bestrebungen einer ihrer bedeutendsten Repräsentanten - Helene Lange - zum Ausdruck kommt-, eine neue Gesellschaft aufbauen, in der die gemeinsame Kulturarbeit zu einem Segen werden sollte. Besonderer Wert wurde auf die biologische Bedeutung der Frau und der mit ihr in Zusammenhang stehenden besonderen Qualifikationen der Mütterlichkeit in ihrer geistig-seelischen Bedeutung gelegt.

Der Frau sollten alle Berufe innerhalb der Gesellschaft eröffnet werden, vor allem aber die Berufe, in denen der "mütterliche Wesenszug" der Frau, das Helfen und Sorgen, besonders zum Ausdruck kommt: die pädagogischen und sozialen Berufe.

Aus diesem Streben nach einer möglichst allgemeinen Berufsausbildung der Frau gingen die Forderungen nach verstärkter pädagogischer Förderung der Frau hervor: die Zulassung der Mädchen zur höheren Schulbildung wurde ebenso wie der Zugang zum Universitätsstudium erkämpft, die Frauen wandten sich besonders dem Lehrerberuf und dem sozialpädagogischen Bereich zu. Gerade sie zeigten besonderes Interesse an den Fragen der Reformpädagogik, den Fragen, die sich mit der Erziehung des Kindes beschäftigten.

Noch stärker als die Frauenbewegung wirkte sich eine pädagogische Bewegung aus, die zur Diskussion um die Frage der Erziehung herausforderte: die Jugendbewegung, die sich gegen die Formen des Erwachsenenlebens, gegen die Konventionen der bürgerlichen Gesellschaft, ihren Wohnstil, ihre Kleidung aussprach und die Brüchigkeit der bürgerlichen Kulturwelt aufdeckte. Es wurde das Streben deutlich, wieder zu sich selbst zu finden.

Gegenüber der einseitig intellektuellen und beruflichen Bildung trat die musische Bildung als Möglichkeit, alle Kräfte des Menschen zu schulen, in den Vordergrund. Vor allem aber setzte sich diese Jugendbewegung für das Recht des Jugendlichen auf seine eigene Lebensstufe ein. Das Jugendalter sollte nicht nur als eine Vorstufe des Erwachsenen gesehen werden, sondern als eine eigene Lebensphase.[4]

Das Recht auf eine eigene "Lebensphase" trat aber am deutlichsten im Streit um die Stellung des Kindes zu Tage. Diese Hinwendung zum Kinde bildete einen der wesentlichsten Ansatzpunkte der Reformpädagogik.

---

[4] W. Scheibe: Die Reformpädagogische Bewegung, Weinheim 1969, S. 48.

Diese "Pädagogische Bewegung vom Kinde aus" rückte besonders um 1900 in den Blickpunkt des allgemeinen Interesses. Sie richtete ihr Hauptaugenmerk auf das Kleinkind und auf die ersten Jahre des Kindes in der Schule.

Das Erziehungssystem des 19. Jahrhunderts wurde einer äußerst scharfen Kritik unterworfen. Besonders wurde bemängelt, daß der Kontakt zwischen dem Erzieher und dem Kinde weitgehend verloren gegangen sei. Es wurde gefordert, der Erwachsene müsse sich besser in die Kinder und Jugendlichen hineinversetzen. Hierzu sei es vor allem nötig, eine Kinder- und Jugendkunde zu erhalten, die die entwicklungspsychologischen Faktoren bei dem Heranwachsenden berücksichtige. Diese entwicklungspsychologischen Faktoren gelte es zu entwickeln.[5]

Insgesamt fand jetzt eine Neuentdeckung des Kindes statt. In ihm wurde der Ausgangspunkt alles erzieherischen Handeln gesehen. Die Neubetrachtung der Situation des Kindes setzte mit einer scharfen Kritik an der bisherigen Schulbildung der Kinder ein.

Die neue Pädagogik "vom Kinde aus" sah sich im Gegensatz zu der Pädagogik "vom Stoffe aus"[6], die vor allem das Überlieferte als Autorität verstand, das durch den Lehrer tradiert wurde. Der Lehrer hatte den Schülern einen im Lehrplan genau vorgeschriebenen Stoff zu vermitteln. Durch den Unterricht, der nach dem System der Formalstufen durchgeführt werden sollte, wie sie von Herbert entwickelt worden waren und dann später durch Rein und Ziller zum reinen Formalismus gebracht worden war, sollte der Unterrichtsstoff dargereicht werden. Gegenüber diesem alten System, das den Erziehungsprozeß als einen von außen nach innen strebenden Vorgang ansah, wandten sich die Reformpädagogen, die das Recht des Individuums betonten, dessen Persönlichkeit aus sich selbst heraus geweckt

---

[5] Vgl. vor allem W. Stern und S. Freud.
[6] Vgl. T. Dittrich: Die pädagogische Bewegung vom Kinde aus, Heilbrunn 1967.

und entwickelt werden sollte..Vor allem das Recht des Kindes auf die Entwicklung seiner eigenen Persönlichkeit wurde betont. Die Erziehung sollte getragen sein von der Idee des Kindgemäßen, von einer Pädagogik des "Wachsenlassens", von einer Pädagogik, die an das Kind glaubt und sich auf das dem Kinde Naturgemäße beruft. Indem das Kind aus sich heraus, ohne vom Erwachsenen geführt zu werden, sich entwickelte, hoffte man, daß es zu neuer bester Entfaltungsmöglichkeit gelange. Das Kind sollte in Freiheit aufwachsen, ohne gehemmt zu sein. Ohne daß seine Interessen eingeengt wurden, sollte es seine Spontanität frei entfalten können. Grundlage all dieser Forderungen, die oft in recht einseitiger Weise voller Emotionen vorgetragen wurden, war der Glaube an die guten Anlagen im Kinde, war schließlich der Glaube, daß das Kind von Natur aus gut sei.

Damit wurde aber eine anthropologische Haltung vertreten, die letztlich auf Rousseaus Lehre vom Menschen zurückgriff.

Indem das Eigenrecht des Kindes von den Reformpädagogen mit aller Schärfe betont wurde, geriet neben der Schule auch die Institution des Kindergartens - wie sie durch Fröbel und seine Anhänger vertreten wurde - in das Feld der kritischen Auseinandersetzung.

In ihrem Buch "Das Jahrhundert des Kindes", in dem Ellen Key, die selbst Lehrerin war und sich in der schwedischen Frauenbewegung führend betätigte, die Forderung nach einer Änderung der Erziehung der Kinder aufstellt, setzt sie sich in dem Kapitel "Die Schule der Zukunft" mit dem Kindergarten auseinander. Sie sieht es als positiv an, daß Fröbels Kindergärten dazu beigetragen haben, daß bessere Erzieherinnen ausgebildet wurden, der Einrichtung des Kindergartens selbst steht sie jedoch ablehnend gegenüber. Sie sieht die Kindergärten als "Fabriken" an, in denen die Kinder alle gleichmäßig geformt werden."Der Kindergarten ist nur eine Fabrik, und daß die Kinder dort "modellieren" lernen, anstatt nach eigenem Geschmack ihre Lehmkuchen zu bilden, ist typisch für das, was das kleine Menschenmaterial selbst durchmacht. Von dem Erdgeschoß der Fabrik werden dann die gedrechselten Gegenstände in das nächste Stockwerk hinaufgeschickt, die Schule, und aus dieser gehen sie dann - zwanzig aufs Dutzend - hervor!"[7] Sie sieht es als großes Unglück an, wenn man solche Einrichtung als "idealen Erziehungsplan" betrachtet. Vor allem kritisiert sie, daß der Individualität des Kindes nicht genug Rechnung getragen wird. Wenn der Individualität nicht schon in frühestem Zeitpunkt die Möglichkeit zur Entfaltung gewährt wird, indem im Kindergarten schon jedem Kinde die größtmögliche Entfaltung gegeben wird, dann entstehen nur "Dutzendmenschen". So wird nach ihrer Ansicht die Persönlichkeit des Menschen verdorben, der Geist zerstört.

Jegliche "Spiel-Arbeit" des Kindergartens, also kindliche Beschäftigung, die in keinem Zusammenhang mit der Wirklichkeit steht, lehnt sie ab. Als idealste Form sieht sie es an, den Kindergarten durch die häusliche Erziehung zu ersezten, doch solange der Kindergarten in den Großstädten noch erforderlich ist, sollten die Kinder dort Spielsachen aus der eigenen Umgebung erhalten, um so den Bezug zur Realität zu bekommen. Das Kind soll lernen, seine Umgebung zu beobachten und seine Tätigkeit mit einem nützlichen Zweck zu verknüpfen. "Eine kluge Mutter oder Lehrerin entnimmt dem Kindergartensystem gerade so viel, daß sie die Kinder lehrt, die Natur und alles andere, was sie angibt, zu beobachten, daß sie ihre Tätigkeit mit dem einen oder anderen nützlichen Zweck verknüpft."[8] Fröbel hätte seinen "Entwurf eines Planes zur Begründung und Ausführung eines Kindergartens", den er zur Gründung des Frauenvereins "Kindergarten" in Blankenburg am 28. Juni 1840 herausgegeben hatte, das Motto: "Kommt, laßt uns unseren Kindern Leben!" gegeben, um eine "allgemeine Anstalt zur Vorbereitung allseitiger Beachtung des Lebens der Kinder besonders durch Pflege ihres Tätigkeitstriebes"[9] zu schaffen. Ohne auf den Zusammenhang einzugehen, in dem dieser Text bei Fröbel steht, greift Elley Key das Motto "Kommt,

7) E. Key: Das Jahrhundert des Kindes, Berlin $^{34-36}$1926.
8) E. Key: Das Jahrhundert des Kindes, a.a.O., S. 122.
9) F. Fröbel: Ausgewählte Schriften und Briefe von 1809-1851, hrsg. v. Erika Hoffmann, 1. Bd., Godesberg 1951, S. 114.

laßt uns unseren Kindern leben!" auf und setzt ihm ihre Forderung "Laßt uns die Kinder leben lassen!"[10] entgegen. Sie will damit aussagen, daß sich die Erwachsenen in diesem Lebensalter jeglicher Einwirkung auf die Kinder enthalten sollen, jeglicher Dressur, jeglichem Drucks, vielmehr soll das Kind in Ruhe heranwachsen. Dieser Ausspruch zeigt, wie unbegrenzt groß das Vertrauen ist, das Ellen Key in die natürliche Entwicklung des Kindes setzt. Erziehung wird so zum "Sich-Entwickeln", zum reinen Wachsenlassen. Je weniger der Erzieher eingreift, desto besser ist es für die Entwicklung des Kindes. Damit kehrt Ellen Key zur "negativen Erziehung Rousseaus" zurück. Seine Lehren verbindet sie mit der Psychologie, die sich im ausgehenden 19. Jahrhundert des Kindes annimmt. Und so wünscht sie sich: "Ja, es müßte eine Sintflut der Pädagogik kommen, bei der die Arche nur ... Rousseau, ... und die neue kinderpsychologische Literatur zu erhalten brauchte "[11] Sie sieht den Menschen als jemanden an, der schon von Natur aus, aus seinem Inneren heraus, sich richtig entwickeln kann, der weiß, was er braucht.

So kann es nur die eigentliche Aufgabe der Erziehung sein, die Hindernisse im kindlichen Leben zu beseitigen, um ihm die freie Entfaltung zu ermöglichen. Da Kindergarten und Schule einer Fabrik gleichen, sieht Ellen Key eine individualistische Erziehung als das beste an.

Indem das Kind in das Zentrum des pädagogischen Denkens tritt, findet die Pädagogik im Kinde jetzt einen neuen Orientierungspunkt. Damit vollzieht sich eine völlige Wende in der pädagogischen Sicht, die bisher - trotz Rousseaus Bemühungen - vor allem von den Erwachsenen, ihren Zielen, Wertvorstellungen bestimmt war. Nicht mehr die Gesellschaft oder Bildungsgehalte sollen jetzt entscheidend sein, sondern jegliche Erziehung, in der Familie, im Kindergarten, in der Schule soll ihren Ausgangspunkt vom Kinde nehmen. Diese vollkommen andere Sicht des Kindes findet ihre Wurzeln in einer neuen

---

10) E. Key, a.a.O., S. 122.
11) E. Key, a.a.O., S. 123.

anthropologischen Haltung. Wie schon Rousseau, Pestalozzi und Fröbel versucht hatten, dem Kinde eine neue Stellung zu geben, ohne daß es ihnen gelungen war, ihrer Erkenntnis allgemeine Gültigkeit zu verschaffen, so tritt jetzt mit der Pädagogik "vom Kinde aus" wieder ein neuer Ansatz auf, der Erkenntnis Raum zu verschaffen, daß das Kind kein "Kleiner Erwachsener" ist. Jetzt wird erneut der Ruf erhoben, daß das Kind "wenn auch nicht das Maß aller Dinge, so doch das Maß seiner selbst sei."[12] Das Kind hat seine eigene Welt, seine eigenen Werte und Maßstäbe, Ellen Key fordert darum auf, Ehrfurcht vor dem Kinde zu haben. "Das eigene Wesen des Kindes zu unterdrücken und es mit dem anderer zu überfüllen, ist noch immer das pädagogische Verbrechen."[13] Das Recht des Kindes auf seine eigene Eigenart soll anerkannt, seine Originalität gewürdigt werden. Zur Umkehrung der sonst üblichen Art, daß der Erwachsene auf das Kind herabschaut, wird jetzt die Würde des Kindes betont. Der Mensch und auch das Kind ist zwar nie vollkommen, doch das Wachstum des Kindes umschließt seine psychischen, physischen Kräfte: Jede einzelne Entwicklungsstufe hat ihren eigenen Grad der Vollkommenheit.

Indem die Reformpädagogen das Kind aus seinem Naturzusammenhang heraussahen, stützten sie sich auf die psychologischen Forschungen, auf die eigene Psychologie des Kindes, die sich seit der ersten Blüte der Kinderpsychologie über den Einfluß von Rousseau seit der Zeit um 1800, insbesondere seit Dietrich Tiedemann entwickelt hatte. In dieser Tradition steht Wilhelm Preyer, der 1882 mit seinem Werk über "Die Seele des Kindes" der kinderpsychologischen Forschung entscheidende Impulse gegeben hatte. Indem hier ein Zusammenhang hergestellt wurde zwischen menschlicher und der seelischen Entwicklung, wurde so eine "Entwicklungspsychologie" geschaffen,[14] die dann

---

12) T. Gläss, Pädagogik vom Kinde aus, Weinheim 1960, S. 80.
13) E. Key, a.a.O., S. 111.
14) Hinzu traten noch die Erkenntnisse der Psychoanalyse von Sigmund Freud und Alfred Adler.

von den Reformpädagogen als eine Grundlage ihrer pädagogischen Überlegungen mit herangezogen wurde. Einen besonderen Einfluß übte Sigmund Freud auf die Reformpädagogik mit seiner Erkenntnis aus, daß seelische Schäden im Kindesalter die Ursache für spätere seelische Erkrankungen des Erwachsenen sein können. Indem jetzt die Erkenntnisse der entwicklungspsychologischen und psychoanalytischen Forschung populärwissenschaftlich verbreitet wurden, wirkten sie zusammen mit den reformpädagogischen Ideen[15] auf die breite Öffentlichkeit. Angeregt durch die psychologische Forschung, stellten jetzt auch die Reformpädagogen immer wieder die Forderung auf, das Kind zu beobachten, auf seine Äußerungen zu achten, zu erkennen, was in der kindlichen Seele vorgeht und so Grundlagen für die Erziehung zu gewinnen. Damit wird eine eigene pädagogische Einstellung dem Kinde gegenüber erreicht, die sich von jedem Handeln der Erwachsenen unterscheidet. In dieser Einstellung liegt auch die Theorie des Wachsenlassens begründet, eine der wichtigsten Theorien der Reformpädagogik. Diese Theorie wendet sich gegen das überflüssige Einwirken auf das Kind, gegen jegliches Einengen seines kindlichen Lebensraumes. Ihre Grundlage findet diese Theorie in der Überzeugung, daß in jedem Kind von Natur aus alle Anlagen enthalten sind, die es aus sich selbst ungestört entwickeln müsse. Da im Kind schon alles richtig angelegt ist, vollzieht sich seine "Selbstbildung" aus sich heraus und aus diesem Grunde kann der Erzieher sein Nichteingreifen rechtfertigen. Dieses Nichteingreifen bedeutet aber nicht, daß der Erzieher gänzlich untätig ist. Der Erzieher soll sich bemühen, das Kind in Frieden zu lassen, er soll so selten wie möglich unmittelbar eingreifen, nur rohe und unreine Eindrücke entfernen.[16]

Indem man das Kind bewahrt und behütet, schützt man es wie eine Pflanze.[17] Doch man wartet nicht nur ab, wie sich das Kind entwickeln wird, genauso wie der Gärtner die Pflanze hegt,

---

15) Vgl. Preyer, Heinrich, Die Seele des Kindes, Königstein 1904.
16) E. Key, Das Jahrhundert des Kindes, a.a.O., S. 172.
17) Damit werden hier Gedanken wie bei Rousseau und Fröbel aufgegriffen. Fröbel sprach von einem "Kindergarten", der in dem die Kinder wie Pflanzen behütet werden sollten.

so muß auch das Kind gepflegt werden, muß Anregungen und Förderung erhalten, damit wie all seine Kräfte frei entwickeln können.

Besondere Aufmerksamkeit widmen die Reformpädagogen bei dieser kindlichen Entwicklung dem Spiel des Kindes. Hier hatten sie immer wieder beobachtet[18], wie gern vor allem Kinder spielen, wie das kindliche Spiel so ganz der Natur des Kindes entsprach. Im Spiel kann das Kind sich ganz aus seiner Umgebung herauslösen, seine Kräfte können sich wie von selbst entwickeln. Wenn die Reformpädagogen immer wieder fordern, das Spiel des Kindes ernst zu nehmen, so greifen sie hier Gedanken Fröbels auf, der die Spielpflege als vordringliche Aufgabe des Erziehers ansah. Und doch vollzieht sich gerade in der Auffassung vom Spiel der Kinder gegenüber Fröbels Theorie zur Zeit der Reformpädagogik ein entscheidender Wandel, der sich in der Praxis in einer neuen Form des Kindergartens niederschlug: des Montessori "Kinderhauses".

---

18) Mit dem kindlichen Spiel beschäftigt sich die Kunsterziehungsbewegung und Erlebnispsychologie, die Jugendbewegung und die Reformpädagogen wie Berthold Otto.

6.2. Maria Montessoris "Kinderhaus"

Ausgangspunkt für Maria Montessoris Auffassung von der Vorschulerziehung sind Psychologie und Physiologie, sowie ihre Erfahrungen, die sie als Ärztin mit geistig behinderten Kindern gesammelt hatte. Hier hatte sie sich mit Erfahrungen der Ärzte Seguin und Itard beschäftigt, die didaktisches Material für behinderte Kinder entwickelten, um die Sinne dieser Kinder zu schulen.

Bei dem Einsatz dieses Materials erlebte Maria Montessori bei behinderten Kindern solche Erfolge, daß sie beschloß, es auch bei gesunden Kindern einzusetzen, da sie annahm, daß dieses Material dann noch viel größere Wirkungen zeigen könnte.

Hier wird nun der sozial-pädagogische Akzent der Arbeit Montessoris sichtbar: sie setzte - nachdem sie noch ein Pädagogikstudium absolviert hatte - ihr Material in einem "Kinderhaus", das im Elendsviertel Roms, San Lorenzo, geschaffen wurde, ein, um den Kindern, die unverschuldet in der "Getto"-Situation des Elendsviertels lebten, die Möglichkeit zur möglichst frühen Selbständigkeit, zur möglichst großen Wesensaneignung zu geben, um ihnen so die Chance zu einem besseren Leben zu vermitteln.

1907 wurde die erste vorschulische Einrichtung "Casa dei Bambini" in San Lorenzo (in Rom) eröffnet. Hier erprobte sie an den Kindern ihre Methoden[19], die zur Grundlage ihrer gesamten vorschulischen Erziehungsarbeit wurden.

Die Erziehungsarbeit will Montessori auf eine wissenschaftliche Basis stellen. Sie fordert von dem Erzieher der Kinder, daß er in erster Linie die ihm anvertrauten Kleinkinder genau und systematisch beobachtet und dann auf Grund der von ihm getroffenen Analyse dem Kinde das Material anbietet, das den Bedürfnissen des Kindes entspricht. Vor allem soll der Erzieher nicht ständig auf das Kind einwirken, sondern bestrebt sein, die Freiheit des Kindes zu achten, sein Recht als Mensch anzuerkennen.

---

19) Diese Methoden wurden später von der auf Grundschulen und Gymnasien übertragen.

Damit steht Maria Montessori in der Reihe der Reformpädagogen, die dem Kinde zu seinem Recht verhelfen sollten. Das Kind soll bei der Entwicklung seiner geistigen Kräfte sich aus sich selbst heraus in Freiheit entwickeln können. Indem der Erzieher sich der direkten Einwirkung auf das Kind enthält, können sich die inneren Kräfte des Kindes entfalten, es kann so selbst das Material aussuchen, das es für seine Entwicklung benötigt. Was von den Reformpädagogen vor allem theoretisch diskutiert worden war, versuchte Maria Montessori nun praktisch zu verwirklichen.

Bei der Freiheit, die dem Kinde gewährt werden soll, ist es die Aufgabe des wissenschaftlich ausgebildeten Erziehers, die Umwelt des Kindes entsprechend seinen Bedürfnissen zu gestalten. "Das Geheimnis der freien Entwicklung des Kindes besteht daher darin, ihm die Mittel zu organisieren, die für seine innere Förderung nötig sind, Mittel, die dem primitiven Instinkt des Kindes entsprechen. ... Wir müssen uns daher das pädagogische Problem stellen, die Mittel zu suchen, durch die die innere Persönlichkeit des Kindes zu organisieren und ihre Eigenart zu entwickeln ist."[20]

Dies ist die Grundlage des Montessori "Kinderhauses", in dem Kinder im Alter zwischen 3 und 6 Jahren aufgenommen werden. In ihm wird durch die Umwelt den seelischen Bedürfnissen des Kindes Rechnung getragen.

Von Maria Montessori war das Kinderhaus im Elendsviertel San Lorenzo in Rom als eine Einrichtung geplant, in der sich das Kind den ganzen Tag über aufhielt, in dem es sich frei bewegen sollte.

Diesem Freiheitsbedürfnis zu entsprechen und gleichzeitig indirekt erzieherisch zu wirken, ist die Aufgabe der Einrichtung des Kinderhauses. Während bei Fröbel die Kinder

---

[20] M. Montessori, Advanced Montessori-Methode, übersetzt von Martha Muchow, in: M. Muchow und H. Hecker: Friedrich Fröbel und Maria Montessori, Leipzig 1927, S. 91.

in Bänken saßen - so wie es um 1900 auch noch in der Schule üblich war - hat Maria Montessori die Räume ihres Kinderhauses mit kleinen Tischen und Stühlen, die der Größe der Kinder entsprechen, eingerichtet. "Die wichtigste Neuerung im Hinblick auf die Möbelierung der Schule ist die Abschaffung der Bänke. Ich habe Tische anfertigen lassen mit weiten, festen, achteckigen Beinen, die dem Tisch zu gleicher Zeit einen sicheren Stand und leichte Beweglichkeit geben, so leicht, daß zwei vierjährige Kinder ihn mühelos umhertragen können."[21]

Waschtische in Kinderhöhe, Schränke, zu denen die Kinder einen eigenen Schlüssel besitzen sowie zerbrechliches Geschirr für die Mahlzeiten, kleine Besen und Kehrbleche zum Reinigen der Räume vervollständigen die Einrichtung. Alle Arbeiten, die in den Räumen anfallen - wie nach den Mahlzeiten Geschirr abwaschen, fegen usw. - sollen von den Kindern selbst ausgeführt werden, um sie so zur frühen Selbständigkeit zu erziehen.

Wesentlich ist für Maria Montessori, daß dieses Material, das der häuslichen Erziehung dient, so beschaffen ist, daß es die Kinder indirekt selbst erzieht, sie in ihrer Freiheit jedoch nicht einengt. Die Freiheit, die dem Kinde gewährt wird, dient vielmehr als Erziehungsmittel. "Wirft ein Kind durch eine ungeschickte Bewegung einen Stuhl um, der mit Geräuschen zu Boden fällt, so erhält es hiermit einen eindringlichen Beweis seiner eigenen Ungeschicklichkeit; wäre dieselbe Bewegung in festen Bänken ausgeführt worden, so wäre sie unbemerkt hingegangen. So hat das Kind einen Anhaltspunkt, sich selbst zu verbessern."[22]

Das Kind lernt, seine Bewegungen zu beherrschen, doch nicht dadurch, daß es wie in der alten Schule gezwungen wurde, unbeweglich in festen Bänken auf seinem Platz zu sitzen, sondern jetzt vollzieht sich indirekt die Disziplinierung des Kindes bei ständiger Übung seiner Glieder.

21) M. Montessori: Selbständige Erziehung im Kindesalter, in: Die pädagogische Bewegung vom Kinde aus, hrsg. von Theo Dietrich, Heilbrunn ²1967, S. 57. (Klinkhardts pädagogische Quellen).
22) M. Montessori: Selbständige Erziehung im Kindesalter, in Klinkhardts pädagogische Quellen, a.a.O., S. 58.

Außer diesem Material, das von Montessori zur häuslichen Beschäftigung der Kinder eingesetzt wurde, findet man im Montessori-Kinderhaus das eigentliche "Montessori-Material", das vor allem der Schulung der Sinne, der geistigen Fähigkeiten und der Motorik des Kindes dient. Auch dieses Material ist so beschaffen, daß es dem Kinde die Fehler selbst nachweist, insbesondere soll es die Spontanität, die Aktivität und Konzentrationsfähigkeit des Kindes fördern und die kindliche Energie entwickeln.

Zu diesen Übungsgegenständen zählt das Spielzeug für die Sinne, für den Gewichtssinn, die Ausbildung des Augenmaßes (Einsatzzylinder und Farbtäfelchen), für den Tastsinn (Brettchen mit glatten und rauhen Flächen), für den Gehörsinn (Geräuschdosen und Glocken, wobei je zwei den gleichen Klang ergaben) und für den Geruchssinn (Geruchsdosen, von denen je zwei den gleichen Geruch ergaben). Jeder Übungsgegenstand ist so beschaffen, daß er das Kind dazu herausfordert, sich seiner wiederholt zu bedienen und daß er gleichzeitig dem Kinde die Fehler immer selbst nachweist.[23]

Die Leistungsfähigkeit der Sinne wird hierbei so geschult, daß die Fähigkeit, zu unterscheiden, gefördert wird. Wesentlich ist, daß Montessori die Sinne einzeln schulen will, sie mit einzelnen, gezielt wirkenden Reizen konfrontiert, um so den größtmöglichen Erfolg zu erreichen.

In Deutschland wurde Montessoris Material zuerst 1914 in Berlin und dann in Meiningen praktisch erprobt, 1919 das erste Montessori-Kinderhaus in Berlin-Lankwitz eröffnet.

Es bildete sich ein "Montessori-Kommitee" unter der Leitung von Ch. Grunwald. Ab 1922 fand Montessoris Theorie besonders Anklang bei den Reformpädagogen. 1923 und 1924 wurden

---

[23] Z.B. sind die Einsatzzylinder, die aus dem Block herauszunehmen sind, der Größe nach verschieden. Setzt das Kind irrtümlich einen kleineren Zylinder in eine größere Öffnung, so bleibt schließlich ein Zylinder übrig. Das Kind beginnt seine Aufgabe von neuem, solange, bis es sie richtig gelöst hat und wird gleichzeitig dazu veranlaßt, sein Tun zu wiederholen.

Montessori-Kinderhäuser in Berlin, Jena und eine Montessori-Grundschule in Jena eröffnet, 1924 dann aus dem "Montessori-Kommittee" die "Deutsche Montessori-Gesellschaft" gebildet, daneben 1930 der "Verein Montessori-Pädagogik Deutschlands". Bis 1933 bestanden in Deutschland 25 Kinderhäuser und 12 Montessori-Schulen. 1933 wurde die Montessori-Bewegung verboten, die Schulen geschlossen. Nach 1945 setzte sich vor allem Helene Helmig für die erneute Einrichtung von Montessori-Kindergärten ein.[24]

Reine Montessori-Kindergärten breiteten sich auch nach 1945 nur in verhältnismäßig geringer Zahl aus,[25] Montessoris Material fand jedoch Eingang in fast alle Kindergärten.

---

24) Vgl. Schulz-Benesch, Günter, Der Streit um Montessori, Freiburg 1962, S. 167ff.
25) Vgl. P. Richerzhagen, Verbreitung der Montessori Schulen, in: Neues Pädagogisches Lexikon, hrsg. von H.H. Groothoff und M. Stallmann, a.a.O., Sp. 760.

6.3. Zum Streit um die Konzeption Maria Montessoris

Ähnlich wie zu Beginn des 19. Jahrhunderts entbrannte um 1920 erneut ein heftiger Streit um die Konzeption der vorschulischen Erziehung, diesmal zwischen den Anhängern Fröbels und Montessoris.

Während in der pädagogischen Forschung die Annahme vorgeherrscht hatte, daß das kleine Kind in seiner Aufmerksamkeit sprunghaft sei, konnte Maria Montessori immer wieder die "Polarisation der Aufmerksamkeit" beobachten und erkannte darin ein geistiges Phänomen. Auf diese "Entdeckung des Kindes" gründet sich das didaktische Material, das Maria Montessori entwickelte. "Von nun an war es mein Streben, Übungsgegenstände zu suchen, die die Konzentration ermöglichten; und ferner studierte ich, welche Umgebung die günstigsten äußeren Bedingungen für diese Konzentration bietet." [26]

Montessori rückt von dem herkömmlichen Unterrichten ab. Der wissenschaftlichen Schulung der Erzieherin kommt besondere Bedeutung zu, denn sie muß in der Lage sein, die Umgebung des Kindes entsprechend zu gestalten und unter Umständen einzugreifen, wenn das Kind sich mit einem Spielmaterial beschäftigt, das ihm noch nicht angemessen ist. Dann ist es erforderlich, daß dem Kinde das ihm entsprechende Spielzeug gegeben, und daß es in das didaktische Material eingeführt wird, das seinem Entwicklungsstand angemessen ist, zur Schulung seiner Sinne dient und dem Kinde hilft, selbständig zu werden, um so auch unabhängig von anderen Menschen zu sein und damit frei zu werden. So schreibt M. Montessori: "Niemand kann frei sein, wenn er nicht unabhängig ist, deshalb müssen die ersten tätigen Äußerungen der individuellen Freiheit des Kindes so geleitet werden, daß es durch seine Betätigung zur Selbständigkeit gelangt ... Wir müssen sie dazu bringen, ohne Hilfe zu gehen, zu laufen, die Treppe auf und ab zu gehen, zu Boden gefallene

---

[26] M. Montessori, Das Kind in der Familie, Stuttgart 1954, S. 58.

Gegenstände aufzuheben, sich an- und auszukleiden, zu baden, deutlich zu sprechen und die eigenen Wünsche klar auszudrükken. Unsere Unterstützung soll es den Kindern möglich machen, die Befriedigung ihrer eigenen Wünsche und Bestrebungen selbst herbeizuführen. Das heißt zur Unabhängigkeit zu erziehen." 27)

Zur Selbständigkeit wird das Kind nach Montessoris Ansicht aber auch erzogen, wenn es möglichst früh das Schreiben, Lesen und Rechnen beherrscht. Auch hierzu hat Montessori Übungsmaterial entwickelt, bei dem es lernt, mit Bleistiften umzugehen, Figuren zu zeichnen und Buchstaben zu lesen, indem es zuerst mit Hilfe von Schablonen die Buchstaben nachmalt und dann durch die Erzieherin die Namen der Buchstaben erfährt. Das Bild und der Name der Buchstaben werden dabei verknüpft.

Von den Buchstaben aus schreitet Montessori dann in ihrer Methode zum Lesen von Worten weiter. Auch hierbei werden Lesespiele angewandt, wobei der Gegenstand stets mit einem Wort in Zusammenhang gebracht werden muß.

Außer Buchstaben, Satz- und Wortkarten entwickelte Montessori didaktisches Material zur Vorbereitung der Kinder auf das Rechnen: ausgesägte Ziffern, Perlenstäbchen, bei denen Perlen in Zehnergruppen zusammengefaßt sind und Numerische Stangen, die ebenfalls die Zehnergruppen verdeutlichen. Zahlen und Stäbe werden einander zugeordnet, Addition und Subtraktion geübt, das 1 x 1 mit Hilfe der Perlenschnüre gelernt. Beim Lesen- und Rechnenlernen ist es notwendig, daß die Erzieherin eingreift und jedem einzelnen Kind das didaktische Material erklärt, während sie sich bei dem Material, das zur Sinnesübung dient, viel stärker zurückhält. Das Kind kann sich sein Spielmaterial selbst aussuchen, kann es selbst aus den Schränken holen. Das Material ist nach dem Schwierigkeitsgrad aufgebaut, um eine Selbsterziehung ohne Hilfe der Erwachsenen zu ermöglichen. Zudem enthält es einen Aufforderungscharakter, der das Kind zur richtigen Erfüllung der mit dem Material

---

27) M. Montessori, Selbsttätige Erziehung im Kindesalter, in: Die pädagogische Bewegung vom Kinde aus, a.a O., S. 61 und 62.

verbundenen Aufgabe anleitet, so zur Reihenbildung oder dem Aufbau nach einem Ordnungsprinzip. Die Schulung zum Abstrakten tritt hierbei in den Vordergrund, das Gefühl und die Phantasie hingegen werden nicht so gefördert. Das freie Spiel der kindlichen Phantasie wird hierbei unterdrückt.

Hier setzt besonders die Kritik an Montessori ein[28], die in Deutschland 1913 mit dem Erscheinen der Übersetzung von Maria Montessoris Werk "Selbständige Erziehung im frühen Kindesalter" (Stuttgart 1913) ihren Anfang nahm und bis Ende der 20er Jahre andauerte. Besonders die Anhänger Fröbels übten an der Arbeitsmethode Montessoris Kritik.

Betrachtet man diese Kritk, so werden vor allem drei Ansätze der Auseinandersetzung deutlich: der Vorwurf des Rationalismus, Individualismus und Intellektualismus[29], besonders in Montessoris Auffassung von kindlichem Spiel.

Montessori fordert, daß das Kind mit dem didaktischen Material, das sie entwickelt hat, nicht spielt, sondern es soll damit "arbeiten". Damit scheint der Spontanität des Kindes eine Grenze gesetzt.[30] In solch einer Einschränkung des freien Spiels liegt zugleich eine Einschränkung der Erfahrungsmöglichkeiten des Kindes. Aufgaben, die es im Leben einmal bewältigen muß, kann es im freien Spiel nicht erproben. Die naturwissenschaftliche Auffassung Montessoris, die sich in ihrem Werk spiegelt, wirkt sich so auch auf das kindliche Spiel aus, von dem nur eine Seite betrachtet wird.

M. Montessoris Konzeption zeigt auch deutliche Züge der Individualpädagogik, die sozialen Beziehungen werden nicht so gefördert wie im Kindergarten Fröbelscher Prägung. Bei der

---

28) Vgl. L. Weigert, Neue Erziehungsgedanken in Rom, in: Kindergarten, 53. Jg., Berlin 1912, S. 149-153 und M. Coppins, Über die Montessori-Methode, II., in: Kindergarten, 55. Jg., Leipzig 1914, S. 100-106. Vgl. auch Schulz-Benesch, Der Streit um Montessori, Freiburg ^{2}1962, S. 24ff.

29) Vgl. Schulz-Benesch, a.a.O., S. 24ff.

30) Vgl. M. Muchow, a.a.O., S. 103ff.

Beschäftigung arbeitet jedes Kind mit seinem Material für sich. In das Material wird jedes Kind einzeln von der Erzieherin eingeführt, so daß auch hier die sozialen Bezüge zwischen den Kindern sich nicht so entfalten können, als wenn etwas mit einer Gruppe von Kindern besprochen wird.

Besonders brach der Streit zwischen den Anhängern Fröbels und Montessoris jedoch über Maria Montessoris Versuch aus, Kindern im vorschulischen Alter schon Lese- und Schreibunterricht zu erteilen und damit dem Unterricht in der Schule schon vorzugreifen.

Scharf wandten sich die Anhänger Fröbels auch gegen Montessoris Überzeugung, das freie Kind käme im Alter von 4 bis 5 Jahren von selbst zum Lesen. Dem wurde entgegengehalten[31], daß ein Kind, je freier es sei, desto weniger bemüht sein werde, von sich aus Schreiben und Lesen zu lernen, weil es so viel in seiner Umgebung erleben könne, daß es dazu gar kein Bedürfnis verspüre. Als Grund dafür, daß gerade im Montessori-Kindergarten die Kinder sich sehr oft gern mit dem Schreiben- und Lesenlernen beschäftigen, wurde von den Fröbelanhängern die Einseitigkeit des Montessorimaterials angesehen, die dem Kinde keine andere Wahlmöglichkeit biete.

Nach Ansicht der Anhänger Fröbels liegt der Grund für Montessoris Bemühen, den Kindern möglichst früh Lesen- und Rechnen beizubringen, darin, daß sie die Bedeutung des Buches überschätzt. In der "Buchpädagogik" Montessoris sehen die Fröbelanhänger einen großen Nachteil für das Kind, weil ihm dadurch in seiner frühen Kindheit viele Lebenserfahrungen, die es in der Realität gewinnen könnte, verlorengehen. Gerade die Kenntnisse der Realität seien aber besonders wichtig für das Kind, weil das Wissen von den alltäglichen Dingen zur Voraussetzung für die weitere Entwicklung des Kindes - auch der schulischen Entwicklung - ist. Montessoris Methode des Lesen- und Schreibenlernens wird insgesamt als zu mechanisch angesehen.[32]

31) M. Muchow, a.a.O., S. 128.
32) S. Hessen, Fröbel und Montessori, a.a.O., S. 99.

Die Einseitigkeit Maria Montessoris führte dazu, daß die
Forderung erhoben wurde, Elemente von Fröbel und Montessori
zusammen in der vorschulischen Erziehung zu gebrauchen.

Dieser Streit zwischen den Anhängern Fröbels und Montessoris gewinnt auch heute besondere Aktualität, weil in den
letzten Jahren ein ähnlicher Streit um das "Frühlesen" entbrannt ist, der jedoch nicht mehr um die Konzeption Montessoris geführt wird, sondern allgemein um die Frage nach der
Nützlichkeit von "Leselernprogrammen für 4jährige Kinder",
nach "Chancengleichheit", der allgemeinen Vorverlegung der
Schulzeit und damit der Umstrukturierung der vorschulischen
Erziehung.

Gleich geblieben ist jedoch der übergeordnete Gesichtspunkt,
die allgemeine Frage, die sich hinter diesem Streit verbirgt,
die Frage, inwieweit man den Belangen des Kindes durch eine
möglichst frühe Aneignung von Bildungsgütern gerecht wird,
wie seine Anlagen sich am besten entfalten können. Damit
wird aber auch die Frage nach der "Schulreife" gestellt, einem
Problem, das in den Diskussionen um die Entwicklung des Vorschulwesens in der Zeit nach 1918 von Bedeutung wurde.

6.4. Zur Theorie des "Schulkindergartens"

Zur gleichen Zeit als der Streit um die Konzeption des Kindergartens zwischen den Anhängern Fröbels und Montessoris entbrannte, wurde ein für die vorschulische Erziehung wichtiger Bereich neu geschaffen und erprobt: der Schulkindergarten, dessen Konzeption auf der Reichsschulkonferenz von 1920 entwickelt wurde.

Es ist der Verdienst des Ausschusses I (Kindergarten)[33] der Reichsschulkonferenz von 1920, daß er vorschlug, Kindern, die noch nicht schulreif wären, d.h., daß sie körperlich noch nicht weit genug entwickelt, sprachlich behindert oder geistig noch nicht reif wären, ein Jahr vom Schulunterricht zurückzustellen und einen Schulkindergarten besuchen zu lassen.[34] Hier wird die Bedeutung einer Fürsorge für benachteiligte Kinder klar herausgestellt.

In dieser Einrichtung, die "Vorklasse" und auch "Vorbereitungsklasse" genannt wurde, sollte gezielt versucht werden, die Behinderungen der Kinder zu verbessern, sie planmäßig zu fördern. Ziel des Schulkindergartens war es, "die Kinder schulreif zu machen, ihnen das zu geben, was ein unter günstigen häuslichen Verhältnissen aufgewachsenes, normales sechsjähriges Kind beim Schuleintritt von selbst mitbringt."[35] Da die meisten Kinder körperlich noch nicht weit genug entwickelt waren[36], sollte der Schulkindergarten in erster Linie die körperliche Konstitution der Kinder, die in Folge der sozialen Not der Zeit nach dem ersten Weltkriege geschwächt

---

33) Zu den Ausschußsitzungen wurde auch die Abteilung XVII Jugendwohlfahrt herangezogen.
34) Vgl. hierzu H. Nohl, Der Schulkindergarten, in: Handbuch der Pädagogik, hrsg. von Herman Nohl und Ludwig Pallath, Langensalza 1928, S. 137-144.
35) H. Nohl, Der Schulkindergarten, a.a.O., S. 138.
36) Nohl stellt aufgrund von Statistiken für Berlin, für die Kinder, die Schulkindergärten zugewiesen wurden, fest: "In der Regel ist die Hälfte der Kinder körperlich zurückgeblieben, die andere Hälfte setzt sich aus geistig unentwickelten, schwachsinnigen, psychopathischen, sprachkranken, schwerhörigen und sehschwachen Kindern zusammen." H. Nohl, a.a.O., S. 138.

war, stärken, denn vor allem wurden Kinder als noch nicht
schulreif zurückgestellt, "die aus wirtschaftlich gedrückten,
armen Verhältnissen" kommen. Dies läßt sich als Folge von
Wohnungsnot und Unterernährung erklären."[37]

Daneben sollten die geistigen Fähigkeiten der Kinder geschult
werden, indem sie für Aufgaben der Schule vorbereitet wurden,
ihre Aufnahmefähigkeit gesteigert wurde, so daß sie von einfachen Dingen und Verhältnissen eine Vorstellung erhielten,
ferner sollten ihre Aufmerksamkeit und Konzentrationsfähigkeit
gestärkt, sowie ihre Ausdrucksfähigkeit und die motorischen
Fähigkeiten - besonders die Geschicklichkeit der Hände -
geschult werden.

Durch planvolles Spiel, Unterhaltungen miteinander und mit
den Erzieherinnen sowie freie Wahlbeschäftigungen, bei denen
den Kindern Spielzeug und Bastelmaterial zur Verfügung
standen, wollte man die Entwicklung der Kinder weiter fördern. In dieser Zeit, einer ungezwungenen Spielzeit, sollte
die Leiterin in die Lage versetzt werden, einzelne Kinder
zu fördern. So plante man, Kindern, die an sprachlichen Störungen leiden, durch Sprachheilübungen zu helfen.

Der Vorschlag der Reichsschulkonferenz, Schulkindergärten
einzurichten, stützte sich auf Modellkindergärten, die bereits vor dem ersten Weltkrieg eingerichtet worden waren.
So war der erste Schulkindergarten 1907 von der Schulbehörde
in Berlin-Charlottenburg eröffnet worden, 1910 wurde eine
"Vorklasse" des Pestalozzi-Fröbel-Hauses geschaffen.[38]
Beide Schulkindergärten dienten demselben Ziel, Kinder,
die bei der Einschulung noch nicht schulreif waren, zu fördern, doch unterschieden sich diese Schulkindergärten in ihrer Konzeption.

Während die "Vorklassen" des Pestalozzi-Fröbel-Hauses dem
Kindergarten angegliedert waren und von "Jugendleiterinnen"
geführt wurden, war der Schulkindergarten in Berlin-Charlottenburg Schulen zugeordnet. In ihnen unterrichteten Lehrerinnen.

37) H. Nohl, Der Schulkindergarten, a.a.O., S. 138.
38) Vgl. H. Nohl, Der Schulkindergarten, a.a.O., S. 137.

Aus diesen beiden Modellen entwickelten sich die zwei Konzeptionen des "Schulkindergartens", die nebeneinander bestehen blieben, einmal die Richtung, die in den zurückgebliebenen Kindern Schulkinder sah, sie bewußt in die Schule einzugliedern versuchte und ihnen auch Unterrichtsstunden erteilte, sowie die Richtung, die die Schulkindergärten als "Vorklassen" betrachtete und in der Art des Kindergartens die Kinder zu fördern versuchte. Die zweite Gruppe wurde besonders den Kindergärten angegliedert, die nach der Konzeption Fröbels arbeiteten. In ihnen sollte versucht werden, "durch Spiel und Arbeit in jedem Kind das nachzuholen und zu entwickeln, was in ihm ruht, einzeln, in kleineren oder größeren Gruppen, auch in der Gemeinschaft."[39]

Beide Richtungen des Schulkindergartens entwickelten sich nebeneinander fort, besonders, nachdem auf der Reichsschulkonferenz von 1920 dringend die Einrichtung der Schulkindergärten gefordert worden war. Ein gesetzlicher Zwang, nachdem Kinder, die noch nicht schulreif waren, in den Schulkindergarten eingegliedert werden konnten, wurde jedoch nicht eingeführt, das Prinzip der freien Elternentscheidung blieb hier erhalten.

Betrachtet man die Konzeption des Schulkindergartens, so wird deutlich, daß hierin ein "Vorläufer" der heutigen Forderung nach einer "Vorschulstufe" steckt, die Kinder im Alter vom 5. und 6. Jahre besuchen sollen.

---

[39] H. Nohl, Der Schulkindergarten, a.a.O., S. 137.

6.5. Die Auswirkungen der Reichsschulkonferenz von 1920 auf die Vorschulerziehung

Die neue Demokratie der Weimarer Republik sah ihre Aufgabe darin, die Menschen aus dem bisherigen obrigkeitsstaatlichen Denken - der Zeit vor dem 1. Weltkrieg - herauszuführen und sie auch politisch zu mündigen Bürgern zu erziehen. Dies führte im Bereich des Schulwesens dazu, daß sich hier ein innerer Wandel vollzog. Die Reformpädagogik, die vor dem ersten Weltkrieg vor allem in ihrer Theorie diskutiert und nur in Versuchsschulen erprobt worden war, begann jetzt in das Schulleben einzudringen: die Idee der Arbeitsschule, der schöpferischen Selbsttätigkeit und der staatsbürgerlichen Erziehung sollten jetzt in der Schule verwirklicht werden. Es wurde angestrebt, den Unterrichtsstil aufzulockern, der Schüler sollte dahingelangen, daß er fähig wurde, politische Verantwortung zu übernehmen.

In diesem Zusammenhang geriet auch die vorschulische Erziehung in das Blickfeld der Schulpolitik. Die Auseinandersetzung um seine Struktur spiegelte sich am deutlichsten in der Reichsschulkonferenz von 1920 wieder.[40] Die vorschulische Erziehung wurde jetzt im Zusammenhang mit den weiteren Stufen des Bildungswesens gesehen, zugleich aber auch als Grundlage der Erziehung für all die Kinder betrachtet, denen die häusliche Erziehung nicht die notwendigen Entwicklungsmöglichkeiten bieten konnte. Im Zusammenhang damit stand die Frage, inwieweit die Familien insgesamt überhaupt noch in der Lage wären, der Pflege ihrer Kinder nachzukommen, die Frage, ob eine Kindergartenpflicht ähnlich wie die Schulpflicht eingeführt werden sollte. In dieser Reichsschulkonferenz traten darüber schon Streitpunkte auf, die auch heute in der Diskussion um die vorschulische Erziehung noch im Mittelpunkt der Auseinandersetzungen stehen, z.B. die Frage, ob die

---

[40] Vgl. Droescher, Lili, Der Kindergarten in den Beratungen der Reichsschulkonferenz, Bericht von der Arbeit des Ausschusses, I, in: Der Kindergarten, 1920, S. 171ff.

Familienerziehung durch den Kindergarten ergänzt und damit die Schulerziehung im Kindergarten eine Ergänzung erfahren sollte, oder ob der Staat in der Zeit vor dem Schuleintritt über die vorschulische Erziehung bestimmen sollte. Damit ist die Frage gestellt, ob der Kindergarten als private - vor allem auch kirchliche - Institution erhalten bleiben oder eine rein öffentliche Einrichtung werden sollte.

So wurde hier ein Problem aufgegriffen, das sich von der Reformation und besonders von der Aufklärung her im Schulwesen ausgewirkt hatte. Eines der Hauptergebnisse der Aufklärung war es ja, daß die Kirchen infolge der Säkularisierung des Schulwesens aus dem Bereich der öffentlichen Erziehung zurücktraten und daß der Staat im Schulwesen immer stärker zu einer Vormacht im Erziehungssektor wurde[41] und das Schul- und Hochschulwesen in seine Verantwortung übernahm.

Ob dieser Prozeß auch auf den vorschulischen Bereich ausgedehnt werden sollte, darüber entbrannte der Streit.

Betrachtet man die Positionen, die 1920 eingenommen wurden, so sind sie fast identisch mit den beiden Lagern, die die Diskussion über die heutige vorschulische Erziehung führen.

Auf der einen Seite standen die "entschiedenen Schulreformer", die die Idee der Einheitsschule vertraten. Sie setzten sich für die Einbeziehung der Vorschule in das staatliche Schulwesen ein.[42]

Eine entgegengesetzte Position nahmen Vertreter der Kirchen ein, die Kindergärten vor allem auf freiwilliger Basis wünschten, sowie die Vertreter des Fröbelvereins, die wohl für die öffentlichen Kindergärten eintraten, ihren Besuch jedoch nur für solche Kinder obligatorisch sehen wollten, bei denen keine häusliche Erziehung[43] vorhanden sei. In

---

[41] H. Kittel, Bereiche der Erziehung und Bildung, als Aufgabengebiete von Erziehungswissenschaft und Theologie, in: H. Kittel, Evangelische Religionspädagogik, Berlin 1970, S. 182.

[42] Ein Hauptvertreter dieser Richtung war vor allem Johannes Tews, der Sprecher des Deutschen Lehrervereins.

[43] Hoffmann, Erika, Vorschulerziehung in Deutschland, a.a.O., S. 56.

dem Zwang, den Kindergarten zu besuchen, wurde von den Gegnern dieser von den "entschiedenen Schulreformern" angestrebte Regelung ein starker Eingriff in die Familienrechte gesehen, ein Argument, das auch in der heutigen Diskussion um das "Elternrecht"[44] in der vorschulischen Erziehung immer wieder eingeführt wird. Die freie Selbstentwicklung des Kindes sahen sie durch eine zwangsweise allgemeine vorschulische Erziehung gefährdet, vor allem weil das Kind nur im Kreise der Familie in seiner Entfaltung vollkommen frei sei. Damit wurde der Kindergarten als eine sozialpädagogische Nothilfe angesehen.[45]

Von dem Ausschuß wurden zum Abschluß der Reichsschulkonferenz Leitsätze[46] aufgestellt, die der Vollversammlung vorgetragen und anschließend an die Reichsregierung weitergeleitet wurden. Die Ergebnisse waren:

Die vorschulische Erziehung sei grundsätzlich das Recht und auch die Pflicht der Familie. Der Kindergarten sei als wertvolle Ergänzung der Familienerziehung anzusehen. All denjenigen Eltern, die den Wunsch hätten, ihr Kind in den Kindergarten zu senden, sollte hierzu die Möglichkeit gegeben werden. Ausdrücklich wurde noch hinzugefügt, daß eine Verpflichtung zum Besuch des Kindergartens abzulehnen sei. Nur wenn die freie Wohlfahrtspflege nicht dem Bedürfnis von Kindergärten entsprechen könne, sollten der Staat und die Gemeinden verpflichtet sein, Kindergärten einzurichten.

Es wird in diesen Thesen deutlich, daß es das Ziel war, die Pluralität der vorschulischen Einrichtungen so zu erhalten, ebenso wie die Freiwilligkeit des Besuches des Kindergartens.

44) Zum Elternrecht vgl. H. Kittel, Bereich der öffentlichen Erziehung und Bildung, a.a.O., S. 265ff.
45) Dies wird besonders daran deutlich, daß zu der Ausschußsitzung des Ausschusses I Kindergarten auch die Abteilung XVII Jugendwohlfahrt herangezogen wurde.
46) Aufgrund von Mehrheitsbeschlüssen (vgl. auch L. Droescher, Der Kindergarten in den Beratungen der Reichsschulkonferenz, a.a.O., S. 176).

Dem Elternhaus wurde die entscheidende Verpflichtung und das Recht zur Erziehung ihrer Kinder zugesprochen. Nur wenn das Elternhaus seinen Pflichten bei der Erziehung der Kinder nicht nachkäme, sollte die Wohlfahrtspflege berechtigt sein, Kinder zum Kindergartenbesuch zu verpflichten.

Die besondere Verantwortung, die dem Staat zukommt, jedem notleidenden Kinde Hilfe zukommen zu lassen, sofern nicht Einrichtungen vorhanden seien, wurde im Reichsjugendwohlfahrtsgesetz von 1922 gesetzlich verankert. Der Staat hatte dafür Sorge zu tragen, daß Einrichtungen für notleidende Kinder geschaffen wurden.[47] Damit war das Anrecht der Kinder auf staatliche Hilfe im Notfall für ganz Deutschland formal gesetzlich gesichert. Als Institution, die über das Wohl der Kleinkinder zu wachen hatte, wurden die Jugendämter eingerichtet.

So waren die Kindergärten gesetzlich in die öffentliche Jugendhilfe eingegliedert, sie unterstand den Jugendwohlfahrtsbehörden.

Aufgabe der Jugendämter, in denen neben den Beamten des Jugendamtes auch freiwillige Mitarbeiter aus der öffentlichen und kirchlichen Jugendarbeit mitwirken sollten, war es auch, Kindergärten einzurichten, falls dies nötig sei. Die Jugendämter und Landesjugendämter wurden das Aufsichtsorgan aller Kindergärten und hatten darüber zu wachen, daß die baulichen Voraussetzungen für den Betrieb von Kindergärten bestanden und daß pädagogisch qualifizierte Mitarbeiter vorhanden waren. Auf Grund dieses Gesetzes unterstanden die privaten und öffentlichen Kindergärten in Deutschland der staatlichen Aufsichts- und Genehmigungspflicht. Damit war der Kindergarten aus dem pädagogischen Bereich ganz in den der Sozialhilfe hinübergewechselt und eine scharfe organisatorische Trennungslinie zwischen Schule und Kindergarten gezogen.

Für die heutige Auseinandersetzung um die vorschulische Erziehung ist die Reichsschulkonferenz von 1920 deswegen bedeutend, weil hier die Grundlage für das System der vorschu-

---

47) § I 1 des Reichsjugendwohlfahrtsgesetzes.

lischen Erziehung gelegt wurde, an die nach der Unterbrechung durch die nationalsozialistische Herrschaft[48] wieder angeknüpft wurde. Letztlich besteht heute noch fast unverändert das System der Kindergärten in der Form, wie es von der Reichsschulkonferenz 1920 geschaffen wurde.

---

[48] Unter der Herrschaft des Nationalsozialismus wurde die Vorschulerziehung in den Dienst der ideologischen Erziehung gestellt, zahlreiche Vorschuleinrichtungen verboten, so die Montessori-Kindergärten und die Kindergärten der Waldorfschulen, Verbände wie der Deutsche Fröbel-Verband aufgelöst. Die Kindergärten unterstanden der Nationalsozialistischen Volkswohlfahrt, die verstärkt eigene Kindergärten gründete. Ziel der Vorschulerziehung sollte es sein, die Kinder im Sinne der nationalsozialistischen Ideologie zu erziehen. (Vgl. Zeitschrift "Der Kindergarten", Jg. 1934ff.) Nach der Auflösung des Pestalozzi-Fröbel-Verbandes wurde die Zeitschrift "Der Kindergarten" zum Organ der nationalsozialistischen Kindergärtnerinnen, die der N.S. Lehrerschaft angeschlossen wurden.

7. Die Weiterentwicklung der Vorschulerziehung nach dem 2. Weltkriege

7.1. Die Situation nach 1946

Nach dem Zusammenbruch der nationalsozialistischen Herrschaft wurde nach dem 2. Weltkriege zuerst in den westlichen Besatzungszonen und später in der Bundesrepublik Deutschland[1] versucht, wie im gesamten Bildungs- und Schulwesen, so auch im vorschulischen Bereich an den Zustand vor 1933 anzuknüpfen.

Der Ausgangspunkt für die Bemühungen um die Vorschulerziehung in der Bundesrepublik Deutschland war die große soziale und wirtschaftliche Not, die nach dem 2. Weltkrieg bestand. 1946 lag Deutschland wirtschaftlich darnieder. Die Fabriken waren größtenteils durch Fliegerangriffe des 2. Weltkrieges zerstört, die Städte lagen in Schutt und Asche.

Fabriken, die erhalten geblieben waren, wurden demontiert und als Reparationsleistungen ins Ausland geschafft, die chemische Industrie war ganz stillgelegt, die landwirtschaftlichen Erträge stark gesunken. Das Verkehrswesen hatte durch die Zerstörung von Bahnhöfen, Brücken und Gleisanlagen schwere Schädigungen erlitten. Ein wirtschaftliches Leben konnte so kaum aufkommen. Diese schwierige wirtschaftliche Situation der Bevölkerung wurde jedoch besonders durch den Flüchtlingsstrom verstärkt, der aus den Ostgebieten in den Westen drang. Millionen waren ohne Obdach, ohne Arbeit und gesicherte Versorgung. Besonders spürbar war die Not in den Familien, Millionen in Gefangenschaft. Die Menschen lebten so äußerst kümmerlich, hungerten und froren.

---

[1] In der DDR wurde seit 1945 die Vorschulerziehung im Sinne der marxistischen Theorie aufgebaut. vgl. hierzu: Beiträge zur Geschichte der Vorschulerziehung, hrsg. von Barow-Bernstein u.a. Berlin, Verlag Volk und Wissen, 1971, sowie: Quellen zur Geschichte der Vorschulerziehung, hrsg. von Krecher, Berlin, Verlag Volk und Wissen, 1971.

Eine breite Desillusionierung hatte um sich gegriffen. Anders
als in der Zeit nach dem 1. Weltkrieg fehlte jegliche pädagogische "Bewegung". In dieser Not, in der es an Nahrung
und Kleidung für die Kinder fehlte, in einer Zeit, in der
Kindergärten und Schulen zerstört waren, war es im Vorschulbereich erforderlich, sich vor allem den sozialen Aufgaben
zu widmen, die hungernden und frierenden Kinder zu betreuen,
der caritative Charakter der Vorschulerziehung trat in den
ersten Jahren nach 1945 in den Vordergrund. Laienkräfte übernahmen zum großen Teil die Betreuung der Kinder, Träger der
Kindergärtner waren die verschiedensten Institutionen vor
allem die Kirchen, Gemeinden und Städte. Die Aufsicht über
alle schulischen und vorschulischen Einrichtungen übten die
Kontrollorgane der Besatzungsmächte aus.

2) Vgl. Die Entwicklung Westdeutschlands, in: Grundriß der
Geschichte III. hrsg. von A. Herzfeld, Stuttgart 1961,
S. 205ff.

7.2. Die vorschulische Erziehung in der Bundesrepublik

Erst ab 1948 lassen sich verstärkte deutsche Initiativen im Bereich der Vorschulerziehung der Bundesrepublik Deutschland feststellen.[3] So wurde 1948 der Pestalozzi-Fröbel-Verband gegründet, der sich als Nachfolger des Deutschen Fröbel-Verbandes ansah, der 1934 aufgelöst worden war.[4] Die große Not der Nachkriegszeit hatte dazu geführt, daß besonders unter dem Einfluß der tiefenpsychologischen Forschungen, die nach 1945 auch in Deutschland wieder zugänglich waren[5], verstärkt Sondereinrichtungen für körperlich-, seelisch- und entwicklungsgestörte Kinder geschaffen wurden.

Da im Bereich des Kindergartens nach 1945 viele Laienkräfte eingesetzt worden waren, trat neben dem Problem der Vergrößerung des Angebotes von Kindergärten[6] vor allem die Frage der Ausbildung der Kindergärtnerinnen in den Blickwinkel des Interesses. 1953 wurde die Ausbildungszeit von Jugendleiterinnen[7] auf 2 Jahre ausgedehnt.

---

3) Zur Vorschulerziehung in der DDR, vgl.: Beiträge zur Geschichte der Vorschulerziehung, hrsg. von E. Barow-Bernstein u.a. Berlin, Verlag Volk und Wissen, 1971, sowie: Quellen zur Geschichte der Vorschulerziehung, hrsg. von M. Krecker, Berlin, Verlag Volk und Wissen, 1971.

4) Der Name "Pestalozzi" war mit in die Verbandsbezeichnung aufgenommen worden, da die sozialen Aufgaben der Kinder und Elternarbeit als besonders wichtig empfunden wurden. (vgl. E. Hoffmann, Vorschulerziehung in Deutschland, a.a.O., S. 61).

5) Die Forschungsrichtung der Tiefenpsychologie (Freud und seine Schule) war unter der Herrschaft des Nationalsozialismusses verboten, sie hatte sich vor allem in den USA weiterentwickelt.

6) Der Besuch des Kindergartens war - und ist auch heute noch- freiwillig. Von den Eltern wurden je nach dem Einkommen Beiträge erhoben, die 25 - 50 % der Kosten deckten. (Vgl. M. Stahl: Bericht über die Vorschulerziehung in der Bundesrepublik Deutschland, in: Blätter des Pestalozzi-Fröbel-Verbandes, 1971, S. 172).

7) Jugendleiterinnen waren Kindergärtnerinnen, die eine weiterführende Ausbildung erhalten hatten.

In diesen 50er Jahren vollzog sich der wirtschaftliche Aufschwung der Bundesrepublik hin zu der modernen mobilen Gesellschaft, wie sie sich uns heute darstellt.
Allgemein entstand vor diesem gesellschaftlichen Hintergrund ein neues sozialpädagogisches Selbstverständnis. Es wurde für nötig gehalten, daß neben die Familie und die Schule allgemein sozialpädagogische Einrichtungen treten müßten, um den jungen Menschen durch eine umfassende Sozialerziehung eine Hilfe zur Eingliederung in die Gesellschaft zu geben.[8]
Damit wurde der bisherige Ausgangspunkt, es existiere eine "heile Familie", die nicht der sozialpädagogischen Hilfe bedürfe, aufgegeben. Der Kindergarten sollte zwar eine Ergänzungsfunktion der Familienerziehung behalten, doch wurde die Eigenständigkeit dieser Institution stärker betont.

Die Auswirkung dieser neuen Konzeption zeigte sich allgemein darin, daß nun eine selbständige Ausbildung für Sozialpädagogen gefordert wurde, die die gesamte außerschulische gesellschaftliche Erziehung leisten sollte.[9] "Es sollte mit einem Schlag die Zersplitterung der Berufe beseitigt und mit der Grundlage einer modifizierten Kindergärtnerinnenausbildung der Ansatz zu den vielfältig speziellen Arbeitseinsätzen - von der Versorgung der Säuglinge in Krippen und Heimen über die Vorschulerziehung bis zur Freizeitgestaltung und Jugendpflege - gegeben werden."[10]

8) Vgl. K. Mollenhauer, Die Ursprünge der Sozialpädagogik in der industriellen Gesellschaft, Weinheim 1959.
9) Vgl. E. Hoffmann, Die vierjährige sozialpädagogische Ausbildung, Blätter des Pestalozzi-Fröbel-Verbandes, 1962. (Hier wurde eine sozialpädagogische Konzeption geschaffen, die ihre Grundlagen in den 20er Jahren hatte, in Gertrud Bäumers Überlegungen zur Sozialpädagogik. Vgl.: Handbuch der Pädagogik, hrsg. von Nohl-Pallat, Bd. V, 1929.)
10) E. Hoffmann, Vorschulerziehung, a.a.O., S. 65.

Seit 1971 ist die Ausbildung der Lehrkräfte im vorschulischen Bereich so geregelt, daß in diesen Einrichtungen "Sozialpädagogen" und "Erzieher" tätig sein sollen.

Die "Sozialpädagogen" werden an Fachhochschulen für Sozialpädagogik, die "Erzieher" an Fachschulen für Sozialpädagogik ausgebildet.

Voraussetzung für den Besuch der Fachhochschulen ist die"Fachhochschulreife"bzw. das "Abitur" sowie ein Praktikum, das vor bzw. während des Studiums abgeleistet werden muß.

Die Sozialpädagogen erhalten eine wissenschaftliche Ausbildung in Pädagogik, Psychologie, Soziologie, Sozialmedizin und Sozialrecht.

Hier wird gegenüber der früheren Ausbildung der Kindergärtnerinnen und Jugendleiterinnen ein stärker wissenschaftsorientiertes Studium sichtbar.
Während die "Sozialpädagogen" vor allem die Funktion der ehemaligen "Jugendleiterinnen", also die leitende Funktion in der vorschulischen Einrichtung übernehmen sollen, besteht die Aufgabe der "Erzieher" und "Erzieherinnen" darin, einzelne Kindergruppen in den Kindergärten zu leiten.

Die Berufsbezeichnung "Kindergärtnerin" ist so durch die der "Sozialpädagogin" bzw. der "Erzieherin" abgelöst worden.

Z.Zt. streben erste männliche "Sozialpädagogen" und "Erzieher" eine Arbeit im Kindergarten an, überwiegend werden aber auch heute und in der nächsten Zukunft die Kindergärten von Frauen geleitet.

Zur selben Zeit, als diese Diskussion um die Ausbildung der in sozialpädagogischen Berufen Tätigen einsetzte, wurde in der Bundesrepublik die Zuständigkeit für die vorschulischen Einrichtungen durch Gesetz geregelt, durch das Jugendhilfegesetz von 1961,[11]) das als Bundesgesetz verabschiedet wurde,

---

11) Vorausgegangen war 1953 die Berufung des Deutschen Ausschusses für das Erziehungs- und Bildungswesen, der sich auch dem Problem der vorschulischen Erziehung widmete und 1957 in einer Empfehlung auf die Bedeutung der vorschulischen Erziehung hinweis. Hier wurden besonders die Notstände

zu dem die Länder dann Ausführungsbestimmungen erließen. Auf Grund dieses Gesetzes blieben die vorschulischen Einrichtungen den Jugendwohlfahrtsbehörden unterstellt.[12]

Damit wurden die Kindergärten weiterhin den sozialpädagogischen Einrichtungen zugeordnet und gehören auch heute noch zum außerschulischen Bereich der Erziehung.

So bietet sich uns heute folgendes Bild der vorschulischen Erziehung:

Die vorschulische Erziehung wird heute vor allem von 3 Trägern unterhalten:[13]

1) Den Trägern der freien Jugendhilfe, also den Verbänden der freien Wohlfahrtspflege, insbesondere der Arbeiterwohlfahrt, dem Deutschen Caritasverband, dem diakonischen Werk und dem Deutschen Roten Kreuz.

2) Der öffentlichen Jugendhilfe, d.h. von den Städten und Gemeinden.

3) Ferner Trägern wie Betrieben, aber auch von Privatpersonen.

Die Verteilung der Kindergärten auf diese 3 Gruppen ist recht unterschiedlich:[14]

Insgesamt sind in der Bundesrepublik ca. 26 % der vorschulischen Einrichtungen in öffentlicher Hand, 70 % dagegen werden von der freien Jugendhilfe, d.h. von der Caritas, dem diakonischen Werk und zu einem geringen Prozentsatz von privaten und gewerblichen Trägern unterhalten.

    - vor allem der Mangel an Kindergärten - aufgezeigt und Abhilfe gefordert. Im Vordergrund stand hier noch der sozialfürsorgerische Akzent als Begründung für die Kindergärten, der besonders durch die zunehmende Berufstätigkeit der Mütter und das Versagen vieler Familien als Erziehungsinstitution gekennzeichnet war. (Vgl. M. Stahl, Bericht über die Vorschulerziehung in der Bundesrepublik Deutschland, a.a.O., S. 174).

12) Eine Ausnahme bildet nur Bayern, wo das Vorschulwesen dem Kultusministerium untersteht.

13) Vorschulische Erziehung, Probleme und Initiativen, hrsg. vom Deutschen Bundestag, Wissenschaftliche Dienste, Materialien, Nr. 27, Bonn 1971, S. 123.

14) Die Zahlen entstammen der Dokumentation: Deutscher Bildungsrat, Die Bildungskommission, Bericht '75, Entwicklungen im Bildungswesen, Stuttgart 1975.

Bei der Unterhaltung dieser Kindergärten besteht das Subsidaritätssystem, d.h. in erster Linie werden diese Einrichtungen von den freien Trägern getragen, wobei der Staat diese freien Träger materiell unterstützt.[15]

Der größte Teil der Kindergärten liegt in den Händen der freien Träger, die auch für die Inhalte und damit der diesen vorschulischen Einrichtungen zugrundeliegenden Theorie bisher zuständig waren. Im Rahmen der Reform der vorschulischen Erziehung wie sie der Strukturplan des Deutschen Bildungsrates vorsieht, soll die Kompetenz für die Curricula der vorschulischen Erziehung nach 1975 auf die Kultusminister der Länder übergehen.[16]

In dem Strukturplan für das Bildungswesen des Deutschen Bildungsrates sind in der Zeit von 1964-1970 Empfehlungen für das gesamte Bildungswesen erarbeitet worden.[17]

Der Ausbau der vorschulischen Erziehung soll stark gefördert, zugleich aber auch eine Änderung in der Struktur dieser Erziehung erreicht werden. Nach Ansicht der Bildungskommission[18] soll die gesamte vorschulische Erziehung in Zukunft in zwei Altersgruppen gegliedert werden. Der "Elementarbereich des Bildungswesens", die Kindergärten, sollen nicht mehr wie bisher die 3 bis 5jährigen Kinder, sondern nur noch Kinder im Alter von 3 und 4 Jahren aufnehmen. Nach Auffassung des Bildungsrates hätte dieser Besuch auf freiwilliger Basis zu erfolgen.

15) So wurden die Betriebskosten der Caritaskindergärten 1967 zu 47,4 % durch Elternbeiträge, zu 34,1 % aus kirchlichen Mitteln, zu 17,1 % durch kommunale Zuschüsse und zu 1,4 % durch Landeszuschüsse gedeckt. (Dokumentation Vorschulerziehung, hrsg. von D. Hölterschinken, Freiburg ^{2}1973, S. 214).
16) Vgl. Bund-Länder-Kommission 1972, a.a.O., S. 72ff.
17) Deutscher Bildungsrat, Strukturplan für das Bildungswesen, bonn 1970, Kp. II, 1 und III, 1, bes. S. 41ff.
18) Deutscher Bildungsrat, a.a.O., S. 102.

An diesen Elementarbereich soll sich dann eine zweijährige
"Eignungsstufe des Primarbereiches" anschließen, die nach
den Vorstellungen des Strukturplans nach dem endgültigen Ausbau dieser Stufe für alle Kinder obligatorisch sein sollte.
Dieses würde eine Herabsetzung des Einschulungsalters auf 5
Jahre bedeuten.[19]

Im Rahmen der Neuordnung des Vorschulbereiches ist erwogen,
die vorschulischen Erziehungseinrichtungen auch organisatorisch den Schulaufsichtsbehörden zu unterstellen, eine generelle Entscheidung über die organisatorische Zuordnung ist
jedoch noch nicht gefallen.[20]

Der große Bedarf an Einrichtungen, sowie der gesteigerte
Personalbedarf, den dieser Ausbau der vorschulischen Erziehung
mit sich bringen würde, insbesondere aber finanzielle Schwierigkeiten der Träger der vorschulischen Erziehung bewirken,
daß diese Veränderungen auf dem Gebiete der vorschulischen
Erziehung - wenn überhaupt - nur langfristig realisiert
werden können.

Betrachtet man die theoretischen Grundlagen der vorschulischen
Erziehung in heutiger Zeit, so sind vor allem die wissenschaftlichen Forschungsergebnisse der Entwicklungspsychologie, der
Intelligenzforschung, sowie der Motivations- und Sozialisationsforschung zu beachten.

---

[19] Diese Regelung ist jedoch noch umstritten. 1971 wurde vom Bildungsrat hierfür die Kompromißformel gefunden, daß es zunächst noch offen bleiben solle, "ob der Besuch der Einrichtung für Fünfjährige im Planungszeitraum zur Pflicht gemacht werden soll." (Vorschulische Erziehung, hrsg. vom Deutschen Bundestag, Wissenschaftliche Dienste, a.a.O., S. 101).
[20] Die Entscheidung hierüber liegt bei den einzelnen Bundesländern.

8. Die Bedeutung entwicklungs- und sozialpsychologischer Untersuchungen für die heutige vorschulische Erziehung

8.1. Zum Ansatz der Entwicklungspsychologie des Kindes

Die herkömmliche Erziehung in den Kindergärten stützt sich vor allem auf eine Auffassung vom Heranwachsen des jungen Menschen, das sich als ein Reifungsprozeß darstellt, der sich in Phasen bzw. Stufen vollzieht.[1]

Hierbei wird von der Vorstellung ausgegangen, daß bei der Entwicklung des Kindes über einen längeren Zeitraum hin ein bestimmter Reifezustand maßgebend ist. Dieser Zeitraum wird im allgemeinen als Stufe, der kürzere Unterabschnitt als Phase bezeichnet. Zwischen den einzelnen Stufen liegen Abschnitte, die als Übergangszeiten - oft als Krisen - sichtbar werden. Die Reihenfolge der einzelnen Stufen und Phasen ist feststehend und nicht vertauschbar.

Den Hauptangriffspunkt bietet diese Phasenlehre dadurch, daß sie die Entwicklung des Menschen weitgehend unabhängig von soziokulturellen Einflüssen nach naturgegebenen, inneren Gesetzmäßigkeiten sich vollziehen sieht. Die Umwelteinflüsse können sich nach dieser Theorie, wie sie vor allem von G. Stanley Hall und Arnold Gesell vertreten wurde, nur hemmend und störend bei einem solchen Entwicklungsprozeß auswirken.

Die Ergebnisse der Anlage-Umweltforschung lassen darauf schließen, daß das menschliche Verhalten als ein Produkt sowohl der Anlage wie auch der Umwelt erscheint.[2]

Erb- und Umweltfaktoren bedingen einander wechselseitig. Eine Anlage gibt es nur im Hinblick auf die Umwelt, die Umwelt ihrerseits aber wird nur im Hinblick auf eine Anlage

---

1) Vgl. H. Remplein, Die seelische Entwicklung des Menschen im Kindes- und Jugendalter, München 1966.
2) Vgl. A. Anastasi, Vererbung, Umwelt und die Frage nach dem "Wie", in: O.M. Ewert (Hg.), Entwicklungspsychologie, Bd. 1, Köln 1972, S. 27.

offenbar.³⁾ Diese Wechselwirkung zwischen den Auswirkungen der Erbanlagen und den Umwelteinflüssen bewirkt innerhalb des menschlichen Entwicklungsganges immer neue Kombinationen und damit bestimmte Merkmale, die besonders im psychosozialen Bereich Veränderungen unterliegen können.

Es ist bis jetzt jedoch noch nicht gelungen, genau zu bestimmen, inwieweit Erb- und Umwelteinflüsse einzelne Eigenschaften des Menschen prägen. Die Zwillingsforschung hat wohl nachgewiesen, daß Erziehung und soziale Umwelt hier starken Einfluß haben, die besondere Bedeutung des genetischen Potentials bleibt jedoch bestehen.⁴⁾

Um die Anteile zu ermitteln, die die Vererbung bzw. die Umwelt haben, sind für alle einzelnen Eigenschaften gesonderte Untersuchungen erforderlich.

Bei recht grober Verallgemeinerung kann man feststellen, daß im organischen Bereich des Menschen ebenso wie im Vitalitätsbereich die erbbedingten Faktoren gegenüber den Umwelteinflüssen stärker hervortreten. Im psychischen Bereich sind die formalen psychischen Funktionen stärker erbbedingt, bei den inhaltlichen Funktionen scheint ein größerer Einfluß der Umwelt vorzuherrschen.

Am wenigsten durch die Umwelt beeinflußbar sind die körperlichen Konstitutionen, die Vitalität und die Merkmale des Temperaments. Stärker ist dagegen der Bereich der Emotion, der Anstrengung und der Konzentration, der Motivation, Werteinstellung und Gesinnung durch die Umwelt geprägt.⁵⁾

Das biogenetische Potential des Menschen erscheint als eine Art Rohmaterial, auf das die Umwelt einwirkt, so daß es sich

---

3) Vgl. H. Roth, Pädagogische Anthropologie, Bd. I. Bildsamkeit und Bestimmung, Hannover 1966, S. 166f.
4) Vgl. W. Engel, Biologie und Pädagogik, in: Erziehungswissenschaftliches Handbuch, hrsg. von Th. Ellwein, H.H. Groothoff, H. Rauschenberger und H. Roth, Berlin 1971, Bd. III, 1, S. 201.
5) Vgl. E. Weber, Die Erb-Umwelt-Verschränkung, in: E. Weber, Pädagogik, Bd. 1, Donauwörth ⁵1974, S. 30.

entweder ändert oder seine Struktur behält.[6]

Hierbei ist zu beachten, daß jegliche Untersuchungen auf dem Gebiete der Erb-Umweltforschung davon ausgehen muß, daß - wie frühzeitig sie im menschlichen Leben auch mit der Untersuchung einsetzt - stets schon beide Faktoren, Erb- und Umwelt, vertreten sind, denn der Einfluß der Umwelt beginnt schon im vorgeburtlichen Stadium des Kindes.[7]

Auf pädagogischem Gebiete lassen die bisherigen Erb-Umweltforschungen folgende Forderungen erheben: Wenn auch letzten Endes nicht genau geklärt ist, wie groß der Umwelteinfluß sich gegenüber dem Erbpotential bemerkbar macht, so ist doch die pädagogische Forderung zu stellen, daß die Erwachsenen den Kindern durch die Gestaltung der Umwelt eine größtmögliche Entfaltung der Anlagen ermöglichen, d.h. den Kindern muß vor allem auch schon in den ersten Lebensjahren durch ganzheitliche Förderung aller Anlagen - wie es z.B. von Fröbel versucht wurde - die Möglichkeit gegeben werden, ihre Fähigkeiten zu entfalten. Hier bietet sich vor allem das didaktische Spielmaterial an.

---

[6] Vgl. A. Anastasi, Vererbung, Umwelt und die Frage nach dem "Wie", in: O.M. Ewert, (Hg.), Entwicklungspsychologie, Bd.I, Köln 1972, S. 27.

[7] Vgl. H.H. Deißler, Verschulter Kindergarten? Freiburg ^{3}1973, S. 16.

8.2. Zum Ansatz der Intelligenzforschung

Ähnlich wie bei dem Anlage-Umweltmodell erweist sich auch die Intelligenzforschung als ein Gebiet, das sich bei allen Einzelerkenntnissen letzten Endes erst am Anfang der Erforschung der menschlichen Intelligenzstruktur befindet.

Die Theorie der Intelligenz ist sehr eng mit der Intelligenzmessung[8] verknüpft, die bis zur Kennzeichnung der Intelligenzstruktur des Menschen führt, wie sie L.L. Thurstone in seinem Faktorenmodell entwickelte, einen pragmatischen Ansatz, der in Guilfords systematischem Ansatz eine Ergänzung erfuhr.

Betrachtet man die Entwicklung der menschlichen Intelligenz, so haben die Forschungen ergeben, daß die Intelligenzentwicklung im Verlaufe einer Kurve erfolgt, die zuerst steil ansteigt und dann abflacht.

Hierzu hat Benjamin S. Bloom die Hypothese aufgestellt, daß der Einfluß der Umwelt auf den Menschen am stärksten einwirkt, während der Zeit der schnellsten Veränderung einer Variablen gleicht. Das heißt, das größte Entwicklungstempo der Intelligenz vollzieht sich zwischen dem dritten und neunten Lebensjahr. Gerade während dieser Zeit dürfte dem Umwelteinfluß eine besondere Bedeutung zukommen.

Bloom kam zu dem Ergebnis, daß am Ende des ersten Lebensjahres 20 %, des vierten 50 %, des achten 80 % und des dreizehnten 92 % der entsprechenden Intelligenzentwicklung eines 17jährigen erreicht worden sei.

Bloom schätzt, daß etwa 20 Punkte des Intelligenzquotienten von dem Erziehungsmilieu abhängen.

Kritisch ist gegenüber Blooms Argumentation anzumerken, daß er die Intelligenzentwicklung des Menschen mit etwa 18 Jahren im allgemeinen als abgeschlossen sieht, zwar gesteht er auch zu, daß noch im späteren Alter eine gewisse Entwicklung möglich ist. Doch ist Andreas Flitner zu unterstützen, wenn er

---

[8] Vgl. Heller, K.A., Intelligenzmessung, Willingen 1976 und R. Oerter, Moderne Entwicklungspsychologie, Donauwörth 1970.

kritisch zu Blooms These bemerkt, daß Bloom mit dem Vergleich von Leistungen des Kindes in frühester Kindheit und Leistungen in späterem Alter letzten Endes etwas ganz verschiedenes vergleicht.[9]

Ähnlich wie Bloom sieht auch J.S. Bruner[10] frühkindliche Erziehung als "basale Bildungsförderung". Bruner stellt die These auf, daß es möglich sei, jeden Stoff einem Kind in noch so früher Kindheit zu vermitteln.

Er greift damit auf eine Art Spiralenlehrplan zurück. Hier wird deutlich, daß das Vermitteln von Kenntnissen als Hauptziel der kindlichen Entwicklung angesehen wird. Gerade hier wird deutlich, wie leicht die Gefahr der Überforderung des Kindes in der Form besteht, daß das Kind nur aus dem Blick des Erwachsenen herausgesehen wird, daß hier nur intellektuelle Fähigkeiten beim Kinde herausgebildet und sie allein nur Anerkennung finden.

Die Bedeutung des Umwelteinflusses für die kindliche Entwicklung haben in der Bundesrepublik Deutschland Lückert und Heckhausen aufgegriffen. Die Entwicklung der kindlichen Intelligenz und des Denkens wird vor allem als Ergebnis der Reaktion des Kindes auf Reize angesehen, die auf das Kind einwirken und so einen Lernvorgang hervorrufen. Die Bedeutungen der Anlagen, die dem Kinde angeboren sind, treten hierbei zurück.

Leistungsmotivationen sieht Heckhausen[11] beim Kinde vom 3. Lebensjahr an gegeben, da nach seiner Meinung das Kind von diesem Alter an in der Lage ist, seine Erfolge und Mißerfolge in Verbindung zu seiner eigenen Leistungsfähigkeit zu setzen. Erfolge und Mißerfolge wirken sich von nun an auf seine eigene Selbsteinschätzung aus. Damit werden nach Heckhausen im

---

9) Vgl. A. Flitner, Der Streit um die Vorschulerziehung, in: Erziehung in früher Kindheit, hrsg. von E. Schmidt-Corels, München ³1973, S. 367.
10) J.S. Bruner, Der Prozeß der Erziehung, Düsseldorf 1972.
11) Vgl. H. Heckhausen, Förderung der Lernmotivationen und der intellektuellen Tüchtigkeit, in: A. Roth, Begabung und Lernen, Stuttgart 1969, S. 193-228.

Alter von 3 bis 6 Jahren "entscheidende Grundlagen für den Grad der intellektuellen Tüchtigkeit und die Leistungsmotivation des Schülers wie des späteren Erwachsenen gelegt."[12] Der Vorschulerziehung kommt entscheidende Bedeutung zu, die frühkindliche Entwicklung zu fördern, um mehr bei den Kindern zu erreichen, als es ein durchschnittliches Elternhaus vermag. Besonders aber soll das Defizit der unteren Sozialschichten ausgeglichen und den Kindern Anregungen vermittelt werden, die ihnen sonst versagt blieben. Hiervon können die Kinder der unteren Sozialschichten der Großstädte und auf dem Lande profitieren.

Um soziokulturelle Benachteiligungen abzuwenden, wollen Heckhausen und Lückert durch eine "basale Bildungsförderung" im vorschulischen Alter die Leistungsfähigkeit der Kinder steigern, indem sie die Kinder systematisch in vorschulischer Zeit durch entsprechendes Spielzeug auf die Anforderungen vorbereiten, die die Schule an sie stellt.

Im Zusammenhang mit dieser kognitiven Förderung in früher Kindheit erhält die Frage des frühen Lesenlernens eine wichtige Bedeutung. Lückert übersetzte das Buch des Amerikaners G. Doman[13] und trat für die Verbreitung des Frühlesens ein, da er hierin den Ansatzpunkt für die moderne Vorschulerziehung sah.[14] Er entwarf Worttafeln, mit deren Hilfe das Kind Wörter ganzheitlich erfassen sollte. Die Mutter-Kind-Beziehung und ihre Umwelt ist bei den bildlichen Darstellungen und der Wortauswahl besonders berücksichtigt worden.

Ebenfalls auf dem Gebiet des frühkindlichen Lesenlernen betätigt sich W. Corell, der 1967 eine Maschine zum Lesenlernen entwickelte, sowie eine "Leseleiter", bei der den Kindern in kleinen Schritten das Lesen beigebracht wird. Corells programmierte Leseversuche sollen dazu dienen, das Kind schon mit 4 Jahren dahin zu führen, daß es lesen kann.

12) H. Heckhausen, a.a.O., S. 207.
13) G. Doman - H.R. Lückert, Wie kleine Kinder lesen lernen, Freiburg 1967.
14) Vgl. H.R. Lückert, Beiträge zum Frühlesen, in: Schule und Psychologie 15, 1968, S. 220ff.

Betrachtet man diese Forschungsrichtung, so wird deutlich, daß hier die Förderung der kognitiven Fähigkeiten im Mittelpunkt der Bemühungen um das Kind stehen. Es muß jedoch gefragt werden, ob man hiermit dem Kinde wirklich gerecht wird, ob es wirklich "um des Kindes willen" geschieht, oder ob nicht letzten Endes hier das Kind nur aus der Sicht des Erwachsenen gesehen wird, eine Sicht, gegen die Rousseau sich mit aller Kraft wandte.

Betrachten wir die Untersuchungen zur sensuellen Entwicklung, die von der Gestaltpsychologie erarbeitet wurde, sowie Forschungen der Hirnphysiologie, besonders die Untersuchungen von Jean Piaget, nach dessen Theorie die Entwicklung als Organisation psychischer Strukturen verstanden werden muß, die ihren Grund in einer Interaktion von organischen und umweltorientierten Gegebenheiten hat, so wird deutlich, daß hier doch auch andere Akzente als von Lückert und Heckhausen zu setzen sind. Nach Piaget besteht eine Wechselbeziehung zwischen den Strukturen der psychischen Organisation und der Welt geistiger Stadien. Als Ergebnis dieses Zusammenspiels der Strukturen ist festzustellen, daß ein Problem in den einzelnen Altersstufen zu verschiedenen Denkansätzen und zu verschiedenen Lösungen führt, sowie in der Entwicklung eine Reihenfolge bildet, die nicht durchbrochen werden kann. Kulturelle Einflüsse und Faktoren des Lernens können den Ablauf der Entwicklung fördern oder hemmen. Auf Grund dieser Forschungen erscheint die Möglichkeit eines Trainings der Lernfähigkeit begrenzt. Erfahrungsweisen, die dem Alter des Kindes angemessen sind, dürfen darum nicht vernachlässigt werden.[15] So ist es auch fraglich, ob durch eine Steigerung des Wortschatzes die kognitiven Fähigkeiten gefördert werden können, vor allem, da die Beziehungen zwischen Sprach- und Denkentwicklung letztlich noch nicht genug geklärt sind. Auf Grund der Forschungen Piagets ist logisch-konkretes Denken erst vom sechsten bis siebenten Lebensjahr an möglich. Die allgemeine Denkfähigkeit kann so nicht durch Programme, die über einen kurzen Zeitraum eingesetzt werden, gesteigert werden.

15) Vgl. E. Schmalohr, Möglichkeiten und Grenzen zur kognitiven Frühförderung, in: Zeitschrift für Pädagogik 1970, S. 5.

Sehen wir die "Interaktionstheorie", wie sie bei Piaget ihre Begründung findet, so wird deutlich, daß sie zu geistigen Stadien gelangt, die als Ergebnis des Zusammenwirkens der psychischen Organisation und der Struktur der Welt erscheinen. Diese geistigen Stadien führen dazu, daß Kinder in den verschiedenen Altersstufen zu ganz verschiedenen Ansätzen und Lösungen eines Problems gelangen. So unterscheidet Piaget zwischen einer sensumotorischen Intelligenz, sowie anschaulich symbolischem, logisch-konkretem und logisch-abstraktem Denken.[16]

Er hat erkannt, daß die geistigen Stadien in der kindlichen Entwicklung eine feststehende Reihenfolge bilden, die nicht vertauschbar ist.

Mit dieser Erkenntnis werden die Grenzen der kognitiven kindlichen Leistungsfähigkeit aufgezeigt.

Das Kind muß heranreifen, es muß Lernreize erfahren, um in seiner Entwicklung voranschreiten zu können.[17]

Entscheidend ist aber hier, daß ein besonderes Training nur sehr begrenzte Erfolge aufweist, wichtiger sind allgemeine Lernreize, die dem Alter des Kindes entsprechen.

Damit erscheint eine spezielle kognitive Förderung fragwürdig, wie auch Forschungen gezeigt haben, die in Fortsetzung der Arbeiten Piagets unternommen wurden und sich vor allem mit den vier- bis siebenjährigen Kindern beschäftigten.

So haben in empirischen Untersuchungen in Deutschland vor allem Winkelmann und Schmalohr[18] überprüft, inwieweit durch spezielles Training in Weiterführung des Gläser-Perlen-Versuchs von Piaget Mengen- und Substanzerhaltung bei Kindern einzuüben sei.

16) Vgl. J. Piaget und B. Inhelder, Die Psychologie des Kindes, Freiburg ²1973, sowie Schmalohr, E., Möglichkeiten und Grenzen einer kognitiven Frühförderung, in: Zeitschrift für Pädagogik, 1970, S. 88ff.
17) Vgl. Schmalohr, a.a.O., S. 89.
18) Schmalohr und Winkelmann, Über den Einfluß der Übung auf die Entwicklung der Mengen- und Substanzerhaltung bei Kindern, in: Zeitschrift für Entwicklungspsychologie und pädagogische Psychologie, Bd. I, 1969, S. 15ff.

Wurde die Aufgabenstruktur geändert, wenn auch nur geringfügig, so zeigte es sich in verschlechterten Ergebnissen, daß den Kindern nur die Lösungsmöglichkeit bestimmter Aufgaben eintrainiert war, die logischen Fähigkeiten waren dadurch aber nicht verbessert worden.

Es zeigte sich hier, daß Trainingsprogramme, die allein auf eine Schulung der kognitiven Fähigkeiten ausgerichtet waren, nur zu begrenzten Erfolgen führten. Eine breite Erfahrungsgrundlage ist vielmehr notwendig, um dem Kinde die nötigen Anregungen zu geben. Die Erfahrungsreize, die dem Kinde geboten werden, müssen auf das Alter bezogen sein. Hierbei ist besonders die Reihenfolge der einzelnen Stadien, die schon Piaget herausgearbeitet hatte, zu beachten.

Für die Zeit des Kindergartenalters ist dies besonders wichtig, weil sich in diesem Alter der wichtige Einschnitt im kindlichen Denken vom anschaulichen Denken zum logisch-abstrakten Denken vollzieht.

Trainingsversuche vermochten es nicht, den Übergang vom anschaulichen zum logisch-abstrakten Denken zu beschleunigen, ein gezieltes Training führt so nur zu sehr begrenzten Erfolgen.

Von hieraus muß für die Vorschulerziehung die Forderung erhoben werden, nicht einzelne Fähigkeiten der Kinder zu trainieren, sondern die kindliche Erfahrungsbasis möglichst zu verbreitern, ihnen die Möglichkeit zu geben, vielfältige neue Erkenntnisse zu gewinnen und Lernziele nicht nur auf einem Wege einzuüben, sondern die Variationsbreite möglichst groß anzulegen.[19]

---

19) Vgl. Schmalohr, a.a.O., S. 93.

8.3. Lernpsychologische Erkenntnisse

Dieser Ansatz ist auch durch die Erkenntnisse bestätigt, die auf dem Gebiete der Lerntheorie gewonnen werden konnten. Durch Lernen wird das Verhalten in bestimmter Weise dauerhaft verändert, es wird durch Erfahrungen in der Auseinandersetzung mit der Umwelt gewonnen. Lernen erfolgt als Neuerwerbung, Abwandlung und Verfestigung,[20] oft bedarf man aber beim Lernen auch der Unterstützung, der Lernhilfe, denn besonders das Kind ist auf Förderung angewiesen, um durch das Lernen "seine Vorstellungen, Gewohnheiten, Einstellungen und Fähigkeiten aufzubauen bzw. zu verändern."[21]

Heinrich Roth kennzeichnet das Lernen nicht nur als Verbesserung oder Neuerwerb von Verhaltensformen, sondern darüber hinaus faßt er es als "eine Veränderung der inneren Fähigkeiten und Kräfte, aber auch der durch diese Fähigkeiten und Kräfte aufgebauten inneren Wissens-, Gesinnungs- und Interessensbestände des Menschen."[22]

Zu diesem Neuerwerb oder der Verbesserung der bisherigen Fähigkeiten oder Erkenntnisse gelangt der Mensch durch Erfahrung, Übung oder auch durch die Aneignung von Gelerntem. Das Lernen hilft dem Menschen, sich in der Umwelt zu behaupten, ihr besser gewachsen zu sein.

Dieses Lernen als Ursache einer Verhaltensänderung erstreckt sich bis ins hohe Alter und setzt schon zu Beginn des kindlichen Lebens ein. Jeglicher Fortschritt in der Entwicklung eines Kindes ist abhängig von den Fortschritten in dem Lernprozeß, den es ständig durchmacht.

---

20) Vgl. E. Weber, Pädagogik, Bd.,1, Donauwörth ^{5}1974, S. 46.
21) H. Giesecke, Einführung in die Pädagogik, München 1969, S. 47.
22) H. Roth, Pädagogische Psychologie des Lehrens und Lernens. Hannover ^{7}1963, S. 188.

Dieser Lernprozeß hängt aber auch zugleich wieder von Voraussetzungen ab, die diesen Prozeß ermöglichen: das Kind muß sich ein "grundsätzliches Repertoire von Verhaltensweisen und Motiven, das natürlich von Schicht zu Schicht, von Kultur zu Kultur sehr verschieden sein kann,[23] aneignen.

Während sich hier eine "ungeleitete" Entwicklung vollzieht, erfährt das Kind in der Schulausbildung eine "geleitete" Entwicklung. "Beide beruhen aber auf prinzipiell vergleichbaren Lernprozessen."[24]

Hier wird deutlich, daß die grundlegenden Erfahrungen, die das Kind in Lernprozessen sammelt, entscheidend für alle weiteren Lernprozesse sind, d.h., die Erfahrungen, die das Kind im Hinblick auf sein Lernen in früher Kindheit in seiner "ungeleiteten Entwicklung" gemacht hat, bestimmen als Bestandteil seines Lernprozesses alle weiteren Lernvorgänge, auch die der "geleiteten Entwicklung".

In der ungeleiteten Entwicklung werden so zugleich auch Akzente der geleiteten Entwicklung gesetzt.

Damit wird deutlich, wie wesentlich schon die Erziehung in frühester Kindheit für die gesamte weitere Entwicklung des Kindes ist, denn hier werden schon die Grundlagen für die Lernmotivation für den Erfolg des Kindes in der Schule und in seinem weiteren Leben gelegt.

Das heißt aber, daß der Erziehung des Kindes in der Familie eine besonders große Bedeutung zukommt, denn hier entscheidet sich in den ersten Lebensjahren bereits zum großen Teil seine Zukunft, hier erwirbt es seine Verhaltensweisen, hier wird es motiviert. In frühester Kindheit lernt es mit Unterstützung der Familie, wie es das Leben meistern, wie es Aufgaben, vor denen es steht, bewältigen kann. Es lernt hier schon im Spiel, zielgerichtet zu arbeiten, etwas zu erreichen und eigene Pläne durchzuführen. Das Kind lernt das "Lebenslernen".[25]

---

23) H. Roth, Begabung und Lernen, Stuttgart 1969, S. 27.
24) H. Roth, a.a.O., S. 27.
25) H.H. Deißler, Verschulter Kindergarten? Freiburg 1973, S. 28.

Indem das Kind versucht, seine eigenen Pläne zu verwirklichen, vollzieht sich in ihm ein von innen gesteuerter Lernprozeß. Bei der Verwirklichung eines Zieles setzt ein Kind oft seine ganze Energie ein und versucht unermüdlich, zu einer Lösung zu gelangen. Indem das Kind immer wieder probiert, lernt es, die Lösung eines Problems zu finden.

Erfolgreiche Experimente ermutigen es, neue Versuche zu unternehmen. Die Intentionen eines Kindes sind zielgerichtet. Wesentlich ist aber auch, daß sie ganz auf das Gegenwärtige ausgerichtet sind. Die Lösung augenblicklicher Probleme reizen das Kind und bereiten ihm Freude, Lernen, das auf ein fernes Ziel gerichtet ist, mag ein Kind dagegen nicht so leicht zu motivieren. Solch ein Lernen ist aber kennzeichnend für alles Lernen in der Schule. "Schulisches Lernen trifft nicht leicht die individuelle Lernmotivation des einzelnen Kindes."[26]

Der Grund hier liegt darin, daß der Bezug zu seiner Lebenssituation oft zu schwach ist.

Hier setzt nun die Aufgabe auch der vorschulischen Erziehung ein. Sie sollte vor allem das Kind in seiner "ungeleiteten Entwicklung", in seinem "Lebenlernen" fördern. Bedenken sind aber gegenüber jedem schulmäßigen Lernen in frühester Kindheit von den Ergebnissen der Lernpsychologie her zu äußern. Um dem Kinde einen möglichst guten Schulerfolg zu ermöglichen, sollte man dem Kinde helfen, sein, wie H. Roth es sagte, "Repertoire von Verhaltensweisen und Motivationen"[27] zu fördern, um ihm so die bestmögliche Hilfe für seine geleitete Entwicklung zu geben.

Die Lerntheorie hat erforscht, daß das Kind schon im vorschulischen Alter konditioniert werden kann.[28]

Heinrich Roth verweist in diesem Zusammenhang auf eine Rangfolge der Lernprozesse in früher Kindheit. Sie vollzieht sich von dem Signallernen, also der klassischen Konditionierung,

26) H.H. Deißler, a.a.O., S. 29.
27) H. Roth, a.a.O., S. 27.
28) Vgl. M. Gagné, Die Bedingungen des menschlichen Lernens, Hannover 1969.

über das Lernen nach Versuch und Irrtum, die instrumentelle Konditionierung, sowie das Erlernen von Namen und Begriffen und Normen bis hin zum problemlösenden Lernen.

Deutlich wird, daß hier ein Fortschreiten von einfachen zu immer komplizierteren Vorgängen zu finden ist.

Besondere Bedeutung fällt im Bereich der vorschulischen Erziehung der instrumentellen Konditionierung an. Sie hat die Aufgabe, das Kind auf selbständiges Handeln, auf die Suche nach eigenen Lösungsmöglichkeiten vorzubereiten und damit dem Kinde eine Hilfe zur Bewältigung der Aufgaben einer geleiteten Entwicklung zu geben, wie sie sich später in der Schule vollzieht.

Indem das Kind so schon in frühester Kindheit lernt, Lösungen zu suchen, verschiedene Möglichkeiten bei der Bewältigung von Aufgaben zu erproben, entdeckt und bewältigt es seine Umwelt. Vor allem lernt es, durch den Kontakt mit dem Erzieher, durch Identifikation, durch Nachahmung, soziale Rollen zu erfahren.

Skinner hat herausgefunden, daß Bekräftigung und Belohnung, er nennt es "Reinforcement", auf das menschliche Verhalten motivierend wirkt.[29] Für die Tätigkeiten des Kindes ist sie besonders im vorschulischen Alter entscheidend.

Hier hat der Erzieher die Möglichkeit, die kindliche Motivation bei seiner Bewältigung der Umwelt zu stärken und es in seinem sozialen Lernen zu fördern.

Gerade diese kindliche Motivation ist mitentscheidend für seine gesamte Entwicklung.

Die Motivation wird als das Bestreben definiert, die eigenen Fähigkeiten zu steigern und Mißerfolge zu vermeiden. Die Hoffnung auf Erfolg und die Angst vor Mißerfolg sind die beiden Dimensionen, die die Leistungsmotivation bestimmen.

[29] Vgl. Funkkolleg, Erziehungswissenschaft. Studien-Begleitbriefe, Bd. 2, Weinheim ²1970, VI, 25.

Sie ist die Auseinandersetzung mit einem Gütemaßstab,[30] das heißt, sie ist auf eigene Leistung oder auf Leistungen anderer bezogen.

Besonders vom 2. Lebensjahr an läßt sich die "Funktionslust" des Kindes beobachten. Vom 3. Lebensjahr an wird eine größere Ausdauer des Kindes sichtbar, selbständig Aufgaben zu lösen.

Mitentscheidend für die kindliche Haltung, eine Aufgabe zu meistern, ist das Alter zwischen dem dritten und vierten Lebensjahr. Jetzt bezieht das Kind nämlich Erfolg und Mißerfolg nicht mehr allein auf die Aufgabe - z.B. ein Spiel, mit dem es sich beschäftigt - sondern auf sich selbst, auf seine eigenen Fähigkeiten.

Während Heckhausen hierin einen Reifungsprozeß sieht[31], geben andere Forscher[32] hier vor allem der Umwelt - insbesondere den Eltern - die Schuld dafür, daß dem Kinde schon in so früher Zeit immer wieder die Verantwortung für Mißerfolge und Erfolge persönlich deutlich gemacht wird.

Diese Haltung der Erzieher, vor allem der Eltern, ist darum auch besonders wichtig, weil vom 4. Lebensjahr ab Konflikte zwischen Mißerfolgserlebnissen und den Wünschen der Kinder nach Erfolg entstehen, die sich auf die gesamte Motivation der Kinder, auch in ihrem späteren Leben, auswirken.[33]

Hier liegt einer der Gründe dafür, warum große Hoffnungen in die Vorschulerziehung, vor allem in kompensatorische Leistungen der Vorschulerziehung gesetzt werden.

30) D. Schwittmann, Artikel "Motivation", in: Neues Pädagogisches Lexikon, hrsg. von H.H. Groothoff und M. Stallmann, Stuttgart ^{5}1971, Sp. 761.
31) H. Heckhausen, Förderung der Lernmotivation und der intellektuellen Tüchtigkeit, in: H. Roth, a.a.O., S. 193-228.
32) Vgl. H.H. Deißler, a.a.O., S. 32.
33) Vgl. D. Schwittmann, a.a.O. Sp. 762.

Forscher wie Heckhausen möchten diese Motivationsbereitschaft der Kinder dazu nutzen, drei- bis sechsjährige Kinder gezielt für Leistungen zu motivieren. Hierbei soll in systematischer Ordnung vorgegangen werden, und zwar im Rahmen einer instiutionalisierten Vorschule, deren Ziel es wäre, "eine frühkindliche Entwicklungsförderung sicherzustellen, die das durchschnittliche Maß des in den Elternhäusern erreichte übersteigt sowie insbesondere das Defizit und Anregungspotential in den unteren Sozialschichten und den Sozialgruppen ausgleicht, deren sozio-kulturelles Milieu die Entfaltung der kindlichen Potentialität schon in den ersten Lebensjahren vermindert."[34]

Die Kinder sollen vor allem durch Spielmaterial, durch unmittelbare Reize gezielt motiviert werden.

Das heißt aber doch, daß die Kinder - die so im Sinne Heckhausens ausgebildet werden - nur einseitig beeinflußt werden. Eine offene Aufgabenstellung bleibt hier dem Kinde versagt.

Entscheidend erscheint demgegenüber, daß stärker als durch jedes curricular aufgebaute Förderungsprogramm ein Kind durch besondere Zuwendung, durch besonders liebevolle Sorge gefördert werden kann. Hier liegt ein wesentlicher Ansatzpunkt frühkindlicher Förderung.

Gerade die interpersonale Beziehung stärkt die kindliche Motivation.

In dieser frühkindlichen Zeit ist die Motivation bestimmt durch die Beziehung des Gegenstandes zur eigenen Person, das heißt aber, die Kinder sehen die Aufgabe in Beziehung zu sich selbst. Dies ist bei jeglichem Material, das den Kindern dargeboten wird, zu beachten.

Von hieraus ist auch die "Leistung" der Kinder zu bewerten, die sie bei der Bewältigung der ihnen gestellten Aufgaben vollbringen. Es kann nicht darum gehen, alle in die kognitiven Leistungen in einem Ergebnis zu messen und zu werten, dies hieße mit Maßstäben des Erwachsenen an das Kind heran-

---

34) Vgl. H.H. Deißler, a.a.O., S. 36.

zugehen, nicht aber dem Kind als Kind gerecht zu werden.
Vielmehr sollte das Bemühen um die Sache gewertet werden.
Hierdurch könnte die kindliche Motivation verstärkt werden
und eine Leistungsüberforderung der Kinder, wie sie in
Heckhausens und Lückerts Programmen leicht vorkommt und
das Kind dann entscheidend frustriert, wäre vermieden.

Gerade die Selbstbestätigung ist für das Kind in frühester
Kindheit entscheidend. Durch sie wird die Lernmotivation
entscheidend gefördert, gleichzeitig wirkt sie sich auf die
kognitiven Fähigkeiten positiv aus. Das Kind stellt selbst
Ansprüche an seine Tätigkeit, es lernt, Aufgaben und seine
eigenen Fähigkeiten einschätzen. Entscheidend ist, ob eine
Aufgabe von dem Kind als lösbar, ein Ziel als erreichbar
eingeschätzt wird. Wird das Ziel als zu hoch angesehen,
so bleiben ebenso Frustrationen aus, als wenn es als sehr
niedrig betrachtet wird, die Mühe sich also gar nicht lohnt.
Werden jedoch Aufgaben, die sowohl eine Anstrengung erfordern,
als auch als lösbar betrachtet werden, gelöst, so stellen
sich Erfolgserlebnisse ein, ständige Mißerfolge führen hier
jedoch zur Unsicherheit und schließlich zu einer niedrigeren
Selbsteinschätzung.

Gerade aus diesen Erkenntnissen heraus kommt den Erziehern
in frühester Kindheit die Aufgabe zu, die Motivation der Kinder zu fördern, Erfolge des Kindes mit Anerkennung und Lob
zu belohnen und das Kind in seiner Lernbereitschaft zu stärken. Hier liegen bedeutende Aufgaben für die vorschulische
Erziehung.

8.4. Zum Ansatz der Sozialisationsforschung

Ähnlich wie in der Intelligenz- und Motivationsforschung finden wir auch in der Sozialisationsforschung entscheidende Ansätze und Hilfen für die vorschulische Erziehung.

"Sozialisation meint den Prozeß des Hineinwachsens des Menschen in die Gesellschaft."[35] Der Mensch lernt im Sozialisationsprozeß die Normen und Werte der Gesellschaft kennen, er eignet sie sich durch Lernprozesse so an, daß die äußeren Verhaltensmuster von ihm übernommen, verinnerlicht und so zu inneren Verhaltensmustern werden.[36] Durch den Sozialisationsprozeß wird der Mensch in die Gesellschaft eingegliedert, er wird geprägt, das Individuum lernt, sich in eine Gemeinschaft einzufügen.

Der Sozialisationsprozeß vollzieht sich während des gesamten Lebens des Menschen, gerade in der modernen Gesellschaft, die durch eine starke Dynamik gekennzeichnet ist, er findet beim einzelnen ständig statt.

Die Sozialisationsforschung unterscheidet verschiedene Ansätze zu einem Konzept der Sozialisation.[37]

Das Sozialisationskonzept der Rollentheorie versucht, mit Hilfe der sozialen Rollen die Aneignung der Verhaltensmuster und Werte darzulegen. Hierbei wird von der Theorie ausgegangen, daß die Individuen durch die Sozialisation ihre Rollen erlernen und daß diese Rollen dann zu einem Bestandteil der Persönlichkeit würden.

Ein Kind würde so seine Rolle vor allem durch Anpassung an die Erwartungen erlernen, die an es gestellt werden. Hierbei wird zur Voraussetzung gemacht, daß das Kind seine Position innerhalb der Gruppe, in der es steht, erfährt, daß es seine Rolle "erlernt" und gleichzeitig sieht, daß es innerhalb

---

35) Vgl. Zur Definition: Artikel "Sozialisation und Erziehung", in: Lexikon Pädagogik, Fischer Lexicon, hrsg. von H.H. Groothoff, Frankfurt 1973, S. 284.
36) Vgl. hierzu E. Weber, a.a.O., Bd. 1, S. 40.
37) Vgl. G. Hartfield, Theorien der Sozialisation, in: G. Hartfield und K. Holm, Bildung und Erziehung in der Industriegesellschaft, Opladen 1973, S. 27ff.

verschiedener Gruppen verschiedene Rollen einzunehmen hat, daß es Träger von Rollen wird. Jedes Erlernen einer Rolle vollzieht sich als ein Prozeß, der der Kontrolle der sozialen Umwelt - für das Kleinkind die Familie - unterliegt und vor allem durch Belohnung und Strafe erreicht wird.

Die Forschung unterscheidet zwischen primärer und sekundärer Sozialisation. Im Prozeß der primären Sozialisation erlernt das Kind soziales Verhalten. Träger des primären Sozialisationsprozesses sind die Familie, die Nachbarschaft, die Spielgruppen. Das Kind lernt, zur Interaktion fähig zu sein, sich seinen Mitmenschen anzupassen.

Durch die sekundäre Sozialisation, die in der Schule, im Beruf, in der Begegnung mit anderen in den verschiedensten Gruppen wie z.B. Verbänden, stattfindet, werden weitere Rollen hinzugelernt.

Hier wird schon deutlich, daß sich die Sozialisation nicht nur auf den Bereich der Erziehung im engeren Sinne des Einwirkens einer Person auf eine andere bezieht. Die Sozialisation umfaßt alle sozialen Bereiche, doch ist es gerade das Ziel der Erziehung, den Menschen zu einem sozialen Wesen zu formen.

Ein anderer Ansatz erfolgt aus dem Bereich der Sozialpsychologie. Hier werden die Erkenntnisse der rollentheoretischen Sozialisationsforschung mit Erkenntnissen der Lerntheorie verbunden.[38] Auch hier wird erkannt, daß die Aneignung sozialen Handelns sich vor allem mit Hilfe von Belohnung und Bestrafung vollzieht, doch wird hier das Individualistische des Menschen stärker beachtet. Die Übernahme von Rollen erfolgt nach dieser Sicht in einer ständigen Auseinandersetzung zwischen dem Individuum und seinen Motivationen sowie dem von ihm erlebten Einfluß der Gesellschaft.

Den individuellen Bereich der Reaktionen auf die Umwelt betrachtet besonders die psychoanalytische Sozialisationstheorie. Sie untersucht die Frage, inwieweit der Mensch an eine

---

38) Vgl. G. Hartfield, a.a.O., S. 29.

Rolle gebunden ist, in welchem Verhältnis die Umwelt zur individuellen Persönlichkeit steht. Hierbei untersucht sie vor allem den Einfluß der unbewußten Erziehungseinflüsse, die auf ein Kind einwirken, in seiner Auswirkung auf den Bezug des einzelnen zur Gesellschaft.

Die psychoanalytische Sozialisationstheorie sieht die Sozialisation des Kindes vor allem auch unter dem Aspekt der individuellen Triebansprüche. Sozialisation wird hier als Verarbeitung der Triebwünsche verstanden, wobei die Persönlichkeit des Kindes dadurch geprägt wird, inwieweit das Kind in der Lage ist, die Einwirkungen der Sozialisation seelisch zu verarbeiten.

Der gesamte Prozeß der Sozialisation vollzieht sich als Wechselwirkung zwischen Triebwünschen und den Mechanismen zur Regulierung der Triebe. Es ist der Wechselprozeß zwischen Gewähren und Versagen.[39] Hinzu tritt die Aufgabe vor allem bei Versagungen, dem Kinde andere Möglichkeiten anzubieten, um, wie es die psychoanalytische Sozialisationslehre sagt, zu einer "Ersatzbefriedigung" zu gelangen,[40] außerdem müssen Möglichkeiten der kindlichen Betätigung geschaffen werden.

Entscheidend für die Entwicklung des Kindes in frühester Kindheit ist hier vor allem die enge Beziehung zwischen der Pflegeperson - in erster Linie also der Mutter - und dem Kind. Wird dieser Kontakt, der schon in den ersten Lebensmonaten entscheidend ist, gestört, so entstehen Schäden im psychischen und physischen Bereich, die, wenn sie sich über einen längeren Zeitraum hinziehen, irreparabel sind. Diese Schädigungen in frühester Kindheit durch den Mangel an Kontakten mit der Pflegeperson sind unter dem Begriff "Hospitalismus" bekannt geworden und besonders von René A. Spitz erforscht worden.[41]

---

39) Vgl. G. Hartfield, Theorien der Sozialisation, a.a.O., S. 30.
40) Vgl. G. Hartfield, a.a.O., S. 31.
41) Vgl. R.A. Spitz, Hospitalismus, in: Erziehung in früher Kindheit, hrsg. von G. Bittner und E. Schmidt-Cords, München ^{5}1973, S. 77ff.

Für den vorschulischen Bereich ergeben sich aus diesen Untersuchungen die Konsequenzen, daß die Entwicklung der Sozialbeziehung, die Sozialisation, von frühester Kindheit an entscheidend für die gesamte weitere Entwicklung des Kindes ist. Dies wird besonders an den Schäden deutlich, die sich bei dem Kinde einstellen, wenn die Sozialkontakte in nicht genügender Zahl hergestellt werden. Die Sorge für Nahrung und Sauberkeit reicht nicht aus, eine körperlich und seelisch gesunde Entwicklung des Kindes zu garantieren. Fehlt die enge emotionale Beziehung zwischen Pflegeperson und Kind, so treten die Symptome auf, die für den Hospitalismus charakteristisch sind: Entkräftigung, Anfälligkeit für Infektion, Zurückbleiben der Reaktionen, monotones Kopfwackeln, große Ängstlichkeit, aber auch Agressivität. Besonders deutlich wird dieser Mangel an Sozialkontakten auch im Bereich der Entwicklung der Sprache und des Denkens. Kinder, die unter Hospitalismusschäden leiden, sprechen im Vergleich zu Kindern, die umsorgt und umhegt aufwachsen, viel weniger, ihr Sprachschatz ist sehr gering. Ihre ganze geistige und körperliche Entwicklung kann um Jahre gegenüber anderen Kindern mit gleichem Lebensalter zurücksein.

Gerade diese Forschungen zum Hospitalismus haben gezeigt, wie wesentlich enge Sozialkontakte des Kindes zu einer Bezugsperson allein während des Prozesses der primären Sozialisation sind. Ein Kleinkind kann sich dann am besten körperlich und geistig entwickeln, es kann dann seine Fähigkeiten am besten entfalten, wenn es in einer Umgebung aufwächst, die ihm die notwendige Förderung, d.h. Zuwendung, Sorge und Liebe und damit ständig neue Anregungen gewährt.

Ein Kind muß in einer Atmosphäre der Geborgenheit aufwachsen, es braucht während der ersten Lebensjahre "Nestwärme". Gerade dieser Gesichtspunkt sollte beachtet werden, wenn von Förderung im kindlichen Alter geredet wird. Die geistigen Fähigkeiten eines Kindes können sich nur entfalten, wenn es aus dem Gefühl der Geborgenheit heraus den Sozialisationsprozeß durchschreitet. Es braucht diese Geborgenheit, um sich mit der Umwelt auseinanderzusetzen, sie sich aneignen zu können. Ein Kind kann nur dann ständig neue Erfahrungen sammeln und auch seine kognitiven Fähigkeiten entfalten, wenn es aus dem Gefühl der Geborgenheit heraus die Aneignung des Unbekannten vollziehen kann.

Der Mensch ist, wie schon Aristoteles erkannte, ein soziales Wesen, das auf Zusammenleben mit anderen angewiesen ist. Es braucht für sein Heranwachsen in die Gesellschaft, für all sein Lernen und für seinen ganzen Erziehungsprozeß Hilfe und Stütze, denn wenn dieses Gefühl der Geborgenheit fehlt, wird das Kind in der Erforschung des ihm Unbekannten und damit in seiner Lernmöglichkeit behindert. So sind die ersten Lebensjahre für die gesamte Lernfähigkeit des Menschen von entscheidender Bedeutung.

Es wird hier deutlich, wie wesentlich der Einfluß der Familie auf die kindliche Sozialisation ist, daß die Sozialisation entscheidenden Einfluß auf die gesamte vorschulische Erziehung hat.

Wir haben gesehen: Die erste Phase des Sozialisationsprozesses[42] vollzieht sich im engsten Kreis der Umgebung des Kindes, der Kernfamilie.

Hierbei findet zuerst die Bindung des Kindes an die Mutter, sodann an die anderen Teile der Familie, also Vater und Geschwister, sowie schließlich an die weitere Umwelt der Familie statt.

Das Kind sieht die Erwachsenen als Objekte an, auf die sich seine Handlungen erstrecken. Die Bindungen zum Erwachsenen sind zuerst ganz allgemein auf die Person gerichtet und werden erst im Laufe der Zeit differenzierter, d.h. sie erstrecken sich erst dann auf einzelne Tätigkeiten der Erwachsenen gegenüber dem Kinde. Diese Beziehung zwischen Erwachsenem und Kind ist dafür entscheidend, wie sich das Kind entwickelt, wie es also seinen Sozialisationsprozeß bewältigt. Gerade die Familie ist für die Entwicklung des Kindes entscheidend, in

---

42) Vgl. S.N. Eisenstadt, Von Generation zu Generation, München 1966, S. 18.

ihr entwickelt sich die "primäre Rollendisposition".[43)]
Auf Grund der allgemeinen Grundlagen dieser engsten Umgebung des Kindes entwickelt es, vor allem mit Hilfe der Identifikation, seine eigene Rolle in den verschiedensten Situationen. Es erlernt auf dieser Grundlage der Sicherheit, durch die enge Beziehung zu geliebten Personen die Fähigkeit der Interaktion. An ihnen hat es einen Orientierungsrahmen gewonnen. So verhilft die primäre Sozialisation dem Kinde, durch die Identifikation mit den Personen, die es umgeben und durch die es seine Sicherheit und überhaupt die Möglichkeit zu seiner Entwicklung erlangt, zu einer Übernahme von Rollen. Das Kind lernt es, Rollen zu unterscheiden, sie aufzunehmen und sie auch auszuüben. Dies sind in frühester Kindheit vor allem die Alters- und Geschlechtsrollen.[44)] So werden dem Kinde durch die Familie seine Orientierungsmaßstäbe gegeben, es lernt, sich nicht nur mit den Eltern zu identifizieren, sondern durch diesen Prozeß erfährt es auch seine eigene Rolle und die Identifikation mit ihr. Während dieses Sozialisationsprozesses löst es sich allmählich aus der vollständigen Abhängigkeit von den Eltern, die kennzeichnend für die früheste Kindheit ist. Es lernt zu sprechen und erwirkt vor allem auch dadurch eine größere Unabhängigkeit.

Wenn sich die Sozialisation des Kindes richtig vollziehen soll, ist es notwendig, daß das Kind die Verhaltensmaßstäbe, wie es sie in der Familie und außerhalb der Familie kennenlernt, in sich aufnimmt. Hierbei ist es nun entscheidend, wie das Verhältnis dieser beiden Verhaltensmaßstäbe zueinander ist, denn das Kind muß beide aufnehmen und integrieren. Der Einfluß der Familie ist hierbei so wichtig, da durch die primäre Sozialisation die Zukunft des Kindes, seine "Sozialchancen" bestimmt werden.

Institutionen außerhalb der Familie - vor allem der Vorschulerziehung - kommt als Aufgabe zu, Kindern, die durch ihre Familie diese "Sozialchancen" nicht oder nur teilweise erlangen, kompensatorische Hilfe zu leisten.

43) Vgl. S.N. Eisenstadt, a.a.O., S. 18.
44) Vgl. H. Liedtke, Soziale Schichtung. Familienstruktur und Sozialisation, in: Familienerziehung, Sozialschicht,

Primär bleibt jedoch die Bedeutung der Familie für den Sozialisationsprozeß des Kindes bestehen.

Schulerfolg, hrsg. von der b:e Redaktion, Beltz,
Weinheim ⁴1974, S. 135ff.

8.5. Die Bedeutung der Familie für den kindlichen Sozialisationsprozeß

Wie entscheidend die Familie als Sozialisationsinstanz für das heranwachsende Kind ist, wird vor allem deutlich, wenn man die Wurzeln für sozial abweichendes Verhalten von Kindern untersucht.

So hat die Forschung[45] gezeigt, daß die körperlichen und seelischen Funktionen des Kindes gestört werden können, wobei die Ursache der Störungen oft in falschen Sozialisationsbedingungen liegen. Erwartungen der Eltern, die an Kinder gestellt werden, entspringen oft unerfüllten Wünschen und Hoffnungen. Konflikte, die die Eltern nicht zu lösen vermochten, werden von den Eltern oft kompensiert, indem sie als Rollenerwartung an das Kind weitergegeben und vom Kind erfüllt werden sollen.

Versucht das Kind in seinem Sozialisationsprozeß diesen Erwartungen der Eltern zu entsprechen, so ist es oft überfordert, wenn ihm Rollen aufgezwängt werden, die es nicht zu erfüllen vermag. Körperliche oder seelische Störungen treten bei ihm als Reaktionen auf die zu hoch gespannten Erwartungen auf.

Sozial abweichendes Verhalten von Kindern kann durch besondere Zuwendung der Eltern verbunden mit Anforderungen an das Kind erreicht werden. Die emotionale kindliche Bindungsfähigkeit muß entwickelt werden. Gerade in der Förderung dieser emotionalen Bindungsfähigkeit liegt - neben der Versorgung des Kindes - eine der wichtigsten Einflüsse der Familie.

Zu den Bedingungen, die für die Sozialisation des Kindes entscheidend sind, zählt als wichtiger Faktor neben dem Verhalten der Eltern und ihrer Vorbildfunktion auch die häusliche Umwelt, in der das Kind aufwächst, durch die es in indirekter, aber vor allem auch in direkter Weise seine Anregungen erhält.

---

45) Vg. H. Hierdeis, Erziehungsinstitutionen, a.a.O., S. 52,

Entscheidend für die Sozialisationsbedingungen eines Kindes ist die Familiengröße. Forschungen[46] haben ergeben, daß ein Zusammenhang zwischen Familiengröße und der kindlichen Entwicklung, auch im Hinblick auf seine Intelligenzentwicklung und damit im Hinblick auch auf seinen Bildungsweg festzustellen ist. So ist erkannt worden, daß bei Familien, die eine größere Zahl Kinder haben, die Intelligenzentwicklung der einzelnen Kinder sich nicht so günstig zu entwickeln scheint als wie in Familien mit weniger Kindern. Dies mag vor allem daran liegen, daß das einzelne Kind in einer großen Geschwisterzahl in seinem Sozialisationsprozeß nicht so viel individuelle Anregungen und Förderungen erfahren kann wie in Familien mit weniger Kindern.

So haben Untersuchungen ergeben, daß bei Familien mit gleichem sozialen Status, Kinder aus kinderreichen Familien allgemein einen geringeren Intelligenzquotienten besitzen als Kinder aus Familien mit weniger Kindern. F. Neidhardt[47] sieht als Beleg für diese Ergebnisse auch die Tatsache an, daß die Wohnsituation für Familien mit mehreren Kindern meist weniger günstig ist als für kleinere Familien. Damit scheint, wie Untersuchungen von Neidhardt ergeben haben[48], die Wohnsituation einer Familie, d.h. das Verhältnis der Anzahl der Wohnräume zur Anzahl der Personen eine Voraussage auf die Intelligenzentwicklung eines Kindes zu ermöglichen. Neidhardt sieht in dieser Wohnsituation noch eine genauere Möglichkeit der Vorhersage als es z.B. mit Hilfe der sozialen Schicht möglich ist. Er betont jedoch auch, daß zwischen Wohnsituation und sozialer Schicht ein Zusammenhang besteht.

Betrachten wir diese Forschungsergebnisse, so wird vor allem deutlich, wie sehr doch auch indirekte Faktoren wie z.B. Wohngröße, Beengtheit der Wohnverhältnisse auf die kindliche Entwicklung einen Einfluß ausüben.

46) Vgl. H.W. Jürgens, Familiengröße und Bildungsweg, Stuttgart 1964.
47) F. Neidhardt, Sozialisationswirkungen der Familie, in: Zweiter Familienbericht des Bundesministeriums für Jugend, Familie und Gesundheit, Bonn-Bad Godesberg, 1975, S. 47.
48) F. Neidhardt, Sozialisationswirkungen der Familie, in: Zweiter Familienbericht, a.a.O., S. 47.

Denn hiermit ist ja sofort für die Entwicklung des Kindes ausgesagt, ob es die Möglichkeit hat, ungestört in einer Wohnung zu spielen, ob es seine kindlichen Kräfte entfalten kann, ob aber auch schon recht früh ein individueller Entfaltungsraum eingeräumt wird. Indirekt wirkt so die häusliche Situation prägend auf die Entwicklung des Kindes. Dies ist besonders verständlich, weil sich die häusliche Situation ja auch entscheidend auf das Verhalten der Geschwister und der Eltern des Kindes, hier vor allem auch auf das Verhalten der Mutter, auswirkt. Beengte Wohnverhältnisse engen Erwachsene und Kinder ein, sie üben eine Belastung aus, die sich wieder in dem Verhalten der Mutter gegenüber den Kinder zeigt. Da aber erkannt wurde, wie eng die Zuwendung einer Bezugsperson zu einem Kind mit der gesamten körperlich und geistig-seelischen Entwicklung des Kindes verbunden ist, so wird hierdurch auch deutlich, daß Wohnverhältnisse nicht nur auf das Kind selbst einwirken, sondern auch noch über die Belastung der Familienmitglieder und vor allem der Bezugsperson eine entscheidende Einwirkung auf die kindliche Entwicklung zeigen.

Hier ist es nicht nur die Aufgabe des Staates, den Familien mit mehreren Kindern durch eine Sozialpolitik die Möglichkeit zu geben, größere Wohnungen zu mieten oder zu kaufen, sondern durch öffentliche Hilfe die vorschulischen Einrichtungen fördern, damit diese zu einer Entlastung der Familie beitragen und den Familien eine Unterstützung bei dem Sozialisationsprozeß der Kinder gewähren und Benachteiligungen gegenüber Familien mit weniger Kindern zu mildern helfen. Dies ist um so nötiger, da viele Mütter in Familien mit mehreren Kindern ebenfalls eine Tätigkeit annehmen möchten, um zum Unterhalt der Familie beizutragen.

Wenn man die Sozialbeziehungen der heutigen Familie zu ihrer Umwelt beobachtet, so sieht man, daß die heutige Familie sich vor allem auf das familiäre Leben konzentriert. Die Beziehungen zur Öffentlichkeit, zum Geschehen der Umwelt werden vernachlässigt. Die Kontakte zur Nachbarschaft haben keine besondere Bedeutung mehr, ebenso ist auch der Kontakt der Eltern zu den Erziehungsinstitutionen nicht stark ausgeprägt.

Dies wird auch darin deutlich, daß die Mitgliedschaft in Vereinen, Parteien und Verbänden in der Bundesrepublik relativ gering ist.

Für die kindliche Sozialisation hat dieses soziale Verhalten der Kernfamilie entscheidende Bedeutung. Das Kind wird so in seiner frühen Kindheit vor allem mit innerfamiliären Problemen vertraut gemacht, die Beziehungen zur Außenwelt erfährt es dagegen nicht so sehr. Damit aber tauchen Probleme auf, wenn es mit der Umwelt und ihren Normen konfrontiert wird, die nicht immer völlig identisch mit den Normen der Familie sein müssen. So bleiben dem Kinde zahlreiche Erfahrungen vorenthalten, die es aber für sein zukünftiges Leben in der Gemeinschaft unbedingt benötigt.

Hierzu zählt besonders die Fähigkeit der Kommunikation mit anderen Menschen, die Aufgeschlossenheit dem anderen gegenüber, der unbekannt oder nur entfernt bekannt ist, aber auch die Erfahrung, wie Konflikte zu bewältigen sind. Das Kind muß schon möglichst früh die Erfahrung gewinnen, wie es sich kooperativ verhalten kann und auch Fremden oder nur weitläufig Bekannten gegenüber in der Lage ist, Kompromisse zu schließen. Lernt das Kind nicht die Kommunikation mit anderen außerhalb der Familie stehenden Personen, so wird ihm sehr leicht ein Mißtrauen gegenüber den Menschen außerhalb seines persönlichen Umkreises vermittelt.

Hier kommen gerade in heutiger Zeit Aufgaben auf die Vorschulerziehung zu, die Sozialisationseffekte zu ergänzen, die in früheren Jahren gerade die Großfamilie bot, die viel stärker als die heutige Kernfamilie nach außen hin orientiert war.

Gerade durch die Vorschulerziehung kann das Kind über den engen Rahmen der Familie hinaus stärker in die Umwelt mit einbezogen werden.

8.6. Zur Sprach- und Sozialerziehung des Kindes

Die Familie hat die Aufgabe, die sozialen Prozesse zu ermöglichen und zu fördern. Betrachten wir die Grundaufgaben der Sozialisation, die das Kind innerhalb der Familie erfahren soll, so wird deutlich, daß dem Kinde von seiner Umgebung sensorische Stimulation gewährt werden muß, d.h., seine Sinne müssen angeregt werden. Hierfür ist die Zuwendung der Personen, die das Kind betreuen, vor allem in den ersten Lebensjahren entscheidend. Neidhardt sieht 5 Formen der Anregung, die dem Kind schon in frühester Kindheit vermittelt werden müssen, damit es fähig zu sozialen Beziehungen wird:[49]

Die taktile Stimulation muß gepflegt werden. Dies bedeutet, das Kind muß Körperkontakt haben, es muß berührt, gestreichelt werden. Denn gerade in früher Kindheit nimmt das Kind sensorische Reize, die auf es eindringen, besonders auch durch die Haut auf.

Ferner ist die kinästhetische Stimulation für die Entwicklung des Kindes entscheidend. Es muß in seiner Motorik, seinem Bewegungsdrang gefördert werden. Engt man die Bewegungen des Kindes ein, so wird dadurch nicht nur sein Lebensraum begrenzt, sondern auch seine kindliche Aktivität. Dies hat aber auch zur Folge, daß sein Neugierdeverhalten, sein Wunsch, Unbekanntes zu erforschen, zurückgedrängt wird. Wie U. Lehr nachgewiesen hat[50], wirkt sich solch eine Einengung des Kindes auch negativ auf seine kognitive Entwicklung aus.

Ähnlich ist es mit der visuellen Stimulation, auch sie muß im Sozialisationsprozeß des Kindes gefördert werden, indem das Kind oft etwas Neues sieht, so neue Eindrücke sammelt, auch Bewegungen und Tätigkeiten der Eltern verfolgen kann. Sie ist ebenfalls entscheidend für die intellektuelle Entwicklung des Kindes.

[49] Vgl. Zweiter Familienbericht, a.a.O., S. 44.
[50] U. Lehr, Die Bedeutung der Familie im Sozialisationsprozeß, Bonn 1973, S. 9ff.

Auch die akustische Stimulation übt einen großen Einfluß
auf die Entwicklung des Kindes aus. Das Kind braucht akustische Anreize, um gefördert zu werden, um seine Intelligenz
entfalten zu können, d.h. es lernt auf Geräusche zu achten,
auf Gesprochenes zu hören. Gerade die akustische Stimulation
ist für die Sozialisation des Kindes so entscheidend, weil
sie die Voraussetzung für die Entwicklung der kindlichen
Sprache ist, die das Kind durch die verbale Stimulation,
das gesprochene Wort, erfährt. Durch die akustische und verbale Stimulation lernt das Kind durch Nachahmung sprechen.

Der Prozeß des kindlichen Spracherwerbs schreitet fort vom
Schreien und Lallen, einer ungezielten Sprachaktivität, hin
zur gezielten Nachahmung. Aus diesem lautlichen Nachahmen
heraus - wobei eine Basis des Sprachverständnisses vorhanden
ist - entsteht die Sprache des Kindes.[51] Das Kind lernt in
diesem Sozialisationsprozeß, daß das Sprechen eine Verbindung
zu anderen Menschen herstellt.

Die Bedeutung des Sprechens der Bezugsperson zu dem Kind liegt
darin, daß das Kind später das ihm Gesagte als Material
selbständig verwertet. So wirkt die Erwachsenensprache anregend auf die eigene kindliche Sprechfähigkeit. Durch die
Sprache lernt das Kind, seine eigenen Wünsche zum Ausdruck
zu bringen, es kann mit Dingen umgehen, ohne sie in die Hand
zu nehmen. Es besteht ein Zusammenhang zwischen Ding und
Sprachgestaltung, d.h., es besteht ein Zusammenhang zwischen
Denken und Aussprechen des Wortes.

Da das Kind vor allem durch Nachahmung sowie durch Fragen
lernt, die ihm von seiner Umgebung beantwortet werden, vergrößert sich sein Wortschatz, besonders, wenn eine Person
da ist, die auf die Frage des Kindes eingeht, die selbst Anstöße gibt, von der das Kind seine Sprachmuster beziehen kann.

So gewöhnt sich ein Kind im Alter von 2 - 3 Jahren daran,
Sprachformen seiner Umgebung zu übernehmen. Dieser Erwerb
der Sprachformen geschieht (vom Alter von 2 - 3 Jahren an)

---

51) Vgl. W. Salber, Die Entwicklung der Sprache, in: Handbuch
    der Psychologie, 1963, Bd. III, S. 447.

in einer 2. Nachahmungsperiode, zuerst verständnislos, dann
bewußt, über mehrere Jahre hinweg, ungefähr bis zum 5. Lebensjahr. Bis zu diesem Zeitpunkt ist der Haupterwerb der
gesprochenen Sprache geleistet. Im Sozialisationsprozeß ist
das Kind bis zu diesem Alter in seinen Kreis des Sprachgebrauches hineingewachsen. Damit wird deutlich, daß neben der
frühesten Kindheit auch besonders die Zeit vom 2. - 5. Lebensjahr für den Spracherwerb und damit für die kindliche
Sozialisation entscheidend ist.

In diesem Alter entwickelt sich die Sprache des Kindes von
einem überwiegend egozentrischen Gebrauch hin zum Gebrauch
der Sprache als Mittel der sozialen Interaktion. Piaget hat
festgestellt, daß beim Kleinkind der individuelle Anteil an
der Sprache sehr groß ist. Das hat seinen Grund darin, daß
das Kind zuerst nur in einem sehr weiten Sinn die Bedeutung
eines Wortes erwirbt. Es versteht es noch nicht, die Sprache
unabhängig von seinen eigenen Bedürfnissen zu gebrauchen.
Piaget hat erkannt, daß das Kind im Alter von 3 Jahren vor
allem monologisiert spricht, erst ungefähr mit 5 bis 6 Jahren
ist ein Übergang zur sozialisierten Sprache zu verzeichnen,
der Anteil der egozentrischen Äußerungen sinkt, doch tritt
er nie ganz zurück.[52] Dies ist notwendig, damit das soziale
Zusammenleben nicht beeinträchtigt wird.

Da bis zum 5. Lebensjahr der Haupterwerb der kindlichen
Sprache geleistet ist, ist es entscheidend, wie das Kind
bei der Aneignung dieser Sprache unterstützt wird.

In der Diskussion über die Aufgaben der Vorschulerziehung
wird diesen Sozialisationsbedingungen besonderes Interesse
entgegengebracht, da die Auswirkungen des Sozialisationsprozesses vor allem in den schulischen Leistungen des Kindes
deutlich werden.

[52] Selbst bei Erwachsenen lassen sich egozentrische Sprachäußerungen feststellen, vgl. R. Oerter, a.a.O., S. 311.

Gerade hier eröffnet sich nun ein weites Aufgabenfeld der vorschulischen Erziehung: die verschiedenen Ausgangspositionen, die sich dem einzelnen Kinde auf Grund der Familiensituation bieten, auszugleichen zu versuchen und damit jedem Kinde eine Chance für seine berufliche Zukunft zu bieten, es ist eine Aufgabe der Bildungsberatung für den vorschulischen Bereich.[53]

---

53) Vgl. Gebauer, T., Beratung im Elementar- und Primärbereich, in: Handbuch der Bildungsberatung, hrsg. von K.A. Heller u.a., Bd. II, Stuttgart 1975, S. 465.

9. Der Erziehungsauftrag vorschulischer Einrichtungen - Konsequenzen aus einer geschichtlichen Betrachtung -

9.1. Vorschulerziehung als Schonraum

In den "Bewahranstalten" des 18. und 19. Jahrhunderts, die aus Notsituationen heraus geschaffen sind, wurden Kinder betreut, deren Mütter nicht in der Lage waren, ihre Kinder zu beaufsichtigen, weil sie einer Arbeit nachgehen mußten. Hier steht die soziale Komponente neben der caritativen im Vordergrund: sozial bedrängten Familien zu helfen. Es soll ein Ersatz für das fehlende Elternhaus geleistet werden. Kennzeichnend für die "Bewahranstalten" ist es, daß von den aufsichtsführenden Personen keine pädagogische Ausbildung gefordert wird.

Seit Oberlin, Owen und vor allem aber seit Fröbel ist die Intention zu erkennen, über den sozialen Bereich hinauszugehen und die pädagogische Bedeutung dieser vorschulischen Einrichtungen zu betonen.

In dieser Erkenntnis der pädagogischen Bedeutung der vorschulischen Einrichtungen liegt der Ansatz für eine Überwindung einer "Bewahranstalt" als Ersatzfunktion der Familie.

Gerade auch in heutiger Zeit, in der staatliche Leistungen große Bereiche der früheren familiären Selbsthilfe übernommen haben, ist eine vorschulische Erziehung davor zu schützen, zu einer reinen Ersatzfunktion der Familie zu werden.

Sähe man in den vorschulischen Einrichtungen nur eine Ersatzfunktion der Familie, bestände die Gefahr, daß sie ähnlich wie die Bewahranstalten des 18. und 19. Jahrhunderts ihre Aufgabe vor allem darin hätten, Kinder zu beaufsichtigen und zu beschäftigen.

Indem aber die pädagogische Bedeutung der vorschulischen Erziehung hervortritt, die durch Forschungen zur Entwicklungspsychologie, Tiefenpsychologie und vor allem zur Sozialisation unterstützt wird, ergibt sich ein anderer Schwerpunkt, der über soziale und ökonomische Begründungen hinausragt.

Die vorschulischen Einrichtungen erhalten so ihren Platz innerhalb des Bildungswesens, und ihnen fällt somit der erzieherische Auftrag zu, das Kind auf dem Weg zur Selbständigkeit einen wesentlichen Schritt vorwärts zu bringen.

Damit erhält die vorschulische Erziehung aber andererseits auch die Aufgabe, ein "Bewahren" zu vermeiden, wie es auch versteckt in Kindergärten mit hohen Anforderungen an das Wissen und Lernen vorkommen kann[1], nämlich wenn dort unter dem Deckmantel kognitiver Förderung, planmäßiges curriculares Lernen betrieben wird, das das Kind - ihm unbewußt - in Zwänge einengt. Der Charakter der "Bewahranstalt" wird aber auch dann deutlich, wenn es einer vorschulischen Einrichtung allein um Anpassung, um möglichst rasche Hinführung auf die Leistungsgesellschaft geht, wenn man das Kind so "bewahrt", daß die Möglichkeit zur Entwicklung seiner eigenen Individualität eingeschränkt wird.[2]

Demgegenüber müßte es in der vorschulischen Erziehung vor allem darauf ankommen, daß die Kinder Grunderfahrungen mitmenschlichen Zusammenseins erfahren. Sie sollten vor allem lernen, Kontakte zu anderen Kindern und anderen Menschen aufzunehmen und im Zusammensein mit anderen zu erproben, um so die Fähigkeit zur Kooperation und die soziale Sensibilität auszubilden.

So würden die Kinder vor einer einseitigen Entwicklung, einer "modernen Bewahrung" im Sinne einer vorprogrammierten Zielausrichtung geschützt, die schon das Kind in vorschulischem Alter auf die Erfordernisse des Erwachsenenseins, des Lebens innerhalb der Leistungsgesellschaft ausrichten will.

Es gilt, die Selbständigkeit des Kindes zu fördern, es auf die "Welt" vorzubereiten, indem es sich in neuen Erfahrungsräumen zu behaupten lernt. Seiner Emanzipation muß Raum gegeben werden, und zwar um so mehr, je älter das Kind wird.[3]

1) Vgl. H.H. Deißler, Verschulter Kindergarten? Freiburg ^{3}1974, S. 47ff.
2) Vgl. T. Kroj; Vorklasse oder Kindergarten, in: Kindergarten oder Vorklasse? hrsg. von J. Pichottka, München 1973, S. 24ff.
3) Vgl. K. Mollenhauer, Einführung in die Sozialpädagogik, Weinheim ^{4}1968, S. 40.

Das Kind muß als Kind anerkannt und ernst genommen werden, dies hat aber zur Voraussetzung, daß den Erkenntnissen der Kinderpsychologie Raum gegeben wird, daß die vorschulische Erziehung ihren Auftrag aus der Spannung von Sozialisation und Emanzipation heraus[4] begreift.

Um dieser frühkindlichen Entwicklung Raum zu geben, ist es erforderlich,daß die vorschulische Erziehung dem Kinde einen "Schonraum" bietet, der etwas anderes darstellt als eine "Bewahranstalt".

Grundlage dieser Forderung nach einem "Schonraum" für das Kind waren früher humanitäre Erwägungen, die sich auf sozialmedizinische Grundlagen stützten und sich gegen die verheerenden Auswirkungen der Kinderarbeit des 19. Jahrhunderts wandten, dagegen, daß Kinder schon im vorschulischen Alter ganztägig in Fabriken beschäftigt wurden.[5]

Unterstützt wurden diese Forderungen, die zu den Kinderschutzgesetzen führten, durch pädagogische und psychologische Theorien, die zur Forderung nach einem Schonraum für das Kind führten, der Forderung nach einer Zeit, in der sich das Kind im Rahmen des kindlichen Spiels körperlich und intellektuell entwickeln kann, wie sie in Pestalozzis Gedanken der "Wohnstubenerziehung" anklingt, einer Erziehung, die dem Kinde das Gefühl der Geborgenheit, des Schutzes vermittelt, seine Bedürfnisse erfüllt, ihm Spielzeug für seine Betätigung gibt und es vor allem in eine Gemeinschaft eingliedert.

Gerade in heutiger Zeit ist dieser Schonraum für das Kind erforderlich, als Schonraum in einem anderen Sinne als im 19. Jahrhundert, wo es vor allem galt, das Kind vor der Kinderarbeit zu schützen.

4) Vgl. H.H. Deißler, a.a.O., S. 56.
5) Noch 1850 wurden von der Krefelder Seidenindustrie, der Gladbacher Baumwollweberei und der Aachener Tuchmacherei Kinder im Alter von 5 Jahren ganztägig beschäftigt. (Vgl. F. Neidhardt, Die junge Generation, Struktur und Wandel der Gesellschaft, Reihe B, Beitrag zur Sozialkunde, Opladen 1967, S. 26).

Doch dieser Schonraum gerät gerade in den letzten Jahren dadurch in Gefahr, daß jetzt nicht besondere körperliche, sondern größte geistige Anforderungen an die Kinder schon in vorschulischer Zeit gestellt werden.

Es besteht die große Gefahr der Überforderung der Kinder gerade dadurch, daß von ihnen schon im Vorschulbereich planmäßiges, kontrolliertes Lernen im Sinne von schulischem Lernen verlangt wird.

Hier wird in gewissem Sinne ebenfalls "Kinderarbeit" gefordert, nur einseitig intellektuell ausgerichtet. Schon das Kleinkind soll vorbereitet werden auf die Anforderungen der Schule und damit letztlich schon in frühester Kindheit auf die Anforderungen der Leistungsgesellschaft.

Eine Erziehung des Kindes kann sich nicht abseits der Gesellschaft vollziehen, aber es kann auch nicht Sinn dieser Erziehung sein, eine einseitige Intelligenzförderung zu betreiben, die sich in schulischen Lernschritten vollziehen soll und ständiger Leistungskontrolle unterliegt.

Wenn sich die Vertreter dieser Richtung einer vorschulischen Erziehung auf das Argument zu stützen versuchen, daß die Intelligenz angeblich durch frühzeitige kognitive Schulung, vor allem durch frühzeitiges Lesenlernen sprunghaft ansteigt, so steht dieser Sicht, die vor allem auf die Umweltkomponente verweist, das Interaktionsmodell entgegen, das sowohl Anlage als auch Umwelt berücksichtigt und erkannt hat, daß es entscheidend ist, wie die Anregungen, die die Umwelt dem Kinde zu bieten vermag, individuell vom Kinde erfahren und verwertet werden.[6]

Von dieser Sicht her kommt der vorschulischen Erziehung die Aufgabe zu, innerhalb des "Schonraumes", der dem Kinde gewährt wird, diesem Kinde reichhaltiges Material zur Verfügung zu stellen, das all seine individuellen Anlagen im Hinblick auf seine soziale und intellektuelle Entwicklung fördert.

6) Vgl. D. Schwerdt, Vorschulerziehung, a.a.O., S. 47.

Fröbel hatte schon erkannt, daß das Kind sich außer in der Welt der Erwachsenen in einem eigenen kindlichen Bereich bewegt. Die Welt des Kindes ist nicht mit der des Erwachsenen zu vergleichen. Von hieraus bedarf das Kind eines Bereiches, in dem es die "Ganzheitlichkeit"[7] seiner Entwicklung erfahren kann.

Fröbel hat diesen Schonraum des Kindes mit einem Garten verglichen, der dem Kinde Raum gibt, seine Anlagen zu entwickeln. Im Sinne Fröbels soll die vorschulische Erziehung keine Ersatz- sondern eine Ergänzungsfunktion zur häuslichen Erziehung sein, in dem das Kind mit Hilfe des Spielmaterials zur allseitigen Entwicklung seiner Fähigkeiten gelangt. Hier wird der Einfluß der Psychologie besonders deutlich, wenn Fröbel auf die Gestaltungskräfte des Kindes verweist, die zu entwickeln für das ganze Leben des Kindes entscheidend sind.

Psychoanalytische Forschungen wie sie z.B. von A. Freud, B. Bettelheim und S. Wolff durchgeführt sind[8], beweisen die Richtigkeit dessen, was Fröbel dargelegt hat, wenn aufgezeigt wird, daß Störungen im emotional-sozialen Bereich in diesem Lebensabschnitt entscheidende Auswirkungen auf die weitere Entwicklung des Kindes haben.

Emotionale und soziale Erziehung muß gerade in diesem Lebensalter aufs engste miteinander verknüpft sein, wenn die vorschulische Erziehung ihrem Auftrage gerecht werden soll, dem Kinde gegenüber als "Vermittler von Welt" aufzutreten, seine "Differenzierung der Wahrnehmungsfähigkeit" und seine Sozialfähigkeit zu schulen.[9]

---

7) Vgl. E. Hoffmann, Fröbels Beitrag zur Vorschulerziehung, a.a.O., S. 149.
8) Vgl. A. Freud, Die Rolle der körperlichen Krankheit im Seelenleben des Kindes, in Erziehung in früher Kindheit, hrsg. von G. Bittner und E. Schmidt-Cords, München ^{5}1973, S. 235ff. sowie B. Bettelheim, Liebe allein genügt nicht, a.a.O., S. 13ff. und S. Wolff, Kinder in Bedrängnis, a.a.O., S. 73ff.
9) Vgl. D. Schwerdt, Vorschulerziehung, a.a.O., S. 27.

Man kann dem Kinde nur gerecht werden, wenn man es in allen Bereichen fördert und dabei sich des Mittels bedient, das diesem Alter am angemessensten ist: des kindlichen Spiels. Fröbel hatte in den Mittelpunkt seiner Theorie der vorschulischen Erziehung das kindliche Spiel gestellt, um das Kind in der bewußten Wahrnehmung und differenzierten Umwelterfassung zu fördern. Seine Spielgaben dienen dazu, Sinnzusammenhänge zu erfassen und Elementargesetzlichkeiten zu verdeutlichen, sie helfen dem Kinde, seine Kräfte frei zu entfalten und zu üben. Der Einfluß der Psychologie wird hier besonders sichtbar, wenn Fröbel seine Spielgaben gemäß dem Entwicklungsstande des Kindes systematisch aufbaut. So schreiten die Ziele seiner Spielgaben von der Entwicklung des kindlichen Bewußtseins über die Unterscheidung von "Gegenstand, Raum und Zeit", die "Anregung der Phantasietätigkeit" bis zur "Entwicklung des ästhetischen Empfindens".[10]

Aufgabe der vorschulischen Erziehung im Sinne einer ganzheitlichen Förderung des Kindes muß es auch heute noch sein, dem Kinde Raum zu gewähren zum kindlichen Spiel, bei dem es all seine Kräfte entwickeln kann.

In diesem Schutzraum der vorschulischen Erziehung, in dem das Eigenrecht des Kindes akzeptiert und in dem dem kindlichen Spiel die größte Aufmerksamkeit gewidmet wird, besteht aber gerade durch eine Didaktik des Spiels, durch gezielte Hinwendung zu den Kindern, die Möglichkeit einer gezielten Förderung im Sinne einer sozialen Erziehung. Hier liegen Aufgaben eines Erziehungsauftrags, die von der vorschulischen Erziehung verwirklicht werden müßten.

---

[10] Eine tabellarische Übersicht der Spielgaben Fröbels gibt D. Schwerdt. Vgl. D. Schwerdt, Vorschulerziehung a.a.O., S. 148-151.

9.2. Vorschulerziehung als Ort der sozialen Erziehung

Die geschichtliche Betrachtung hat gezeigt, daß es sich bei der Familie, in der das Kind seine ersten Sozialbeziehungen erfährt, heute in den meisten Fällen um eine Kleinfamilie handelt, in der nur noch 2 Generationen zusammenleben: die Eltern und die Kinder.

Für das Kind bedeutet dies, daß für seine Erziehung erzieherische Einflüsse einer sozialen Erziehung, wie sie in einer Großfamilie auftreten, fortfallen, stattdessen haben die Erziehungseinflüsse der öffentlichen Erziehung und damit der Einfluß von Gruppen, die außerhalb der Familie stehen, diese Aufgabe mitzuübernehmen. Im Vorschulbereich erfährt das Kind eine soziale Erziehung, die besonders wichtig ist.

Das Kind erlebt sich hier meist erstmalig in seiner Eigenschaft als Spielkamerad unter einer größeren Zahl von Altersgefährten. Die sozialen Erfahrungen, die das Kind jetzt macht, können von großer Tragweite für seine weitere Entwicklung sein. An diesem Beginn seines Bildungswegs werden grundlegende Einstellungen gegenüber den Erziehungseinrichtungen der Gesellschaft entwickelt. Zugleich gewinnt das Kind ein Bild von sich selbst als dem Glied einer Gruppe.

Es beginnt, sein soziales Selbst aufzubauen. Für das Kind werden das Verhalten und die Reaktion der anderen Kinder, mit denen es in vorschulischen Einrichtungen zusammen ist, entscheidend. Denn das Kind sieht hier, wie es in einer Gruppe aufgenommen wird. Erlebt es in dieser Gruppe, daß es auch außerhalb der Familie akzeptiert wird, so kann es in seiner Selbsteinschätzung bestärkt werden. Es kann so von sich selbst ein positives Bild gewinnen.

Betrachten wir die Bedeutung der Sozialerziehung im Hinblick auf die heutige Vorschulerziehung,[1] so sehen wir, daß hier

---

[1] Vgl. G. Hundertmark, Soziale Erziehung im Kindergarten, in: Brennpunkte gegenwärtiger Pädagogik, hrsg. von A. Flitner, München 1972, S. 140ff.

Kinder einander begegnen, die schon die verschiedensten sozialen Erfahrungen gesammelt haben. Die Interessen der Kinder sind schon unterschiedlich. So ergeben sich durch das Zusammensein der Kinder die verschiedensten Kontakte. Hier erlebt das Kind selbst, wie soziale Beziehungen verstärkt werden. Es entwickeln sich Freundschaften, die entscheidend dafür sein können, daß die Kinder soziale Verhaltensweisen im Umgang miteinander einüben. Sie lernen es, aufeinander Rücksicht zu nehmen, Rollen einzuüben.

Durch freundschaftliche Beziehungen entstehen Binnengliederungen, Untergruppen, die den Kindern helfen, sich in größeren Gruppen zu orientieren.

Im Rahmen der Sozialerziehung muß es im Vorschulbereich die Aufgabe der Erzieherin oder des Erziehers sein, den Kindern den Raum für die Aufnahme spontaner Beziehungen zu geben. Spontane Beziehungen können nicht nur im Freispiel gefördert werden, sondern auch während der anderen gemeinsamen Tätigkeit. Wesentlich ist es hierbei auch, daß Kinder, die spontan zusammengefunden haben, nicht willkürlich getrennt werden.

Die soziale Erziehung des Kindes muß im vorschulischen Rahmen in der Begegnung der Kinder miteinander und mit der Erzieherin vollzogen werden. Es ist die Aufgabe der Erzieherin, vor allem auch die Spiel- und Beschäftigungsmöglichkeiten daraufhin zu untersuchen, welche Möglichkeiten sie für eine Sozialerziehung bieten.

Im kindlichen Spiel erfährt das Kind in der vorschulischen Einrichtung in der Gruppe Über- und Unterordnung. Die Rollen, die es einnimmt, werden in vielen Spielen vom Zufall bestimmt. So kann auch ein Kind, das gewöhnlich nur am Rande steht, plötzlich in den Mittelpunkt des Interesses rücken. Dies wird es ermutigen und ihm helfen, seine Kräfte voll zu entfalten. Gleichzeitig kann es aber auch lernen, sich in eine Gruppe einzuordnen, da sonst das Spiel gestört wird.

Im Spiel erlernen die Kinder durch die Gruppen vor allem, ihre Spontanität und Improvisationsgabe zu entwickeln. Die Gruppe hilft ihnen, sich auf Gleichaltrige einzustellen.[12]

Indem das Kind Mitglied neuer Gruppen wird, sammelt es immer neue Erfahrungen und durchläuft so einen Lernprozeß, der sich entscheidend auf sein soziales Verhalten auswirkt.

Damit dieser Prozeß aber gelingen kann, ist es im Rahmen dieser sozialen Erziehung im vorschulischen Bereich vor allem notwendig, das auszugleichen, was einzelnen Kindern zu Hause nicht vermittelt wird. Die Intelligenz-, Begabungs- und Lernforschung hat bei allen verschiedenen Einzelergebnissen darin Übereinstimmung erzielt, daß jede Begabung und Fähigkeit nur dann entwickelt werden kann, wenn sie von frühester Kindheit an gefördert wird.

Forschungen, die auf dem Interaktionsmodell Piagets basierten,[13] haben gezeigt, daß bei dem Aufbau der kognitiven Strukturen des Kindes mit Grenzen zu rechnen ist, die durch den Grad der kindlichen Entwicklung gesetzt werden. Eine Erweiterung des kindlichen Wortschatzes fördert noch nicht die kognitive Entwicklung. Durch Arithmetikprogramme kann man wohl das rein mechanische Lernen einüben, doch ist es zur Erlangung eines arithmetischen Verständnisses des Kindes notwendig, daß das Kind überhaupt zum logisch-konkreten Denken fähig ist.

Dies geschieht aber - wie Piaget nachgewiesen hat - erst im Alter von 6 bis 7 Jahren.

Hinzu kommt, daß spezielle, kurzzeitige Trainingsprogramme kaum Erfolge gebracht haben.[14]

So ist auch von einem frühzeitigen Einsatz des Lesenlernens keine Hilfe zu erwarten.

12) Vgl. D. Schwerdt, Vorschulerziehung, a.a.O., S. 103.
13) E. Schmalohr, Möglichkeiten und Grenzen einer kognitiven Frühförderung, Zeitschrift für Pädagogik, Weinheim 1970, S. 6.
14) Vgl. U. Bronfenbrenner, Wie wirksam ist kompensatorische Erziehung? Stuttgart 1974, S. 140ff.

Leselernmaschinen, wie sie von Corell entwickelt wurden und Worttafeln, wie sie Lückert benutzt, führen bei Kindern von 4 Jahren, bei denen sie eingesetzt werden sollen, zu einer einseitigen, frühzeitigen Intellektualisierung. Hier wird die Schule um 2 Jahre vorverlagert und damit die Unterscheidung zwischen schulischem Lernen und vorschulischer Erziehung aufgegeben. Indem aber vorschulisches Lernen zu schulischem Lernen umfunktioniert wird, stellt man unter dem Vorwand der "kompensatorischen Erziehung", den Erwachsenen, Intellektuellen, als Zielvorstellung hin, auf die das Kind schon in frühester Zeit hingeführt werden soll. Damit wird man aber dem Kinde letztlich nicht gerecht, das Kind wird so nicht mehr als Kind, sondern vielmehr als kleiner Erwachsener gesehen, der möglichst schnell in unsere Leistungsgesellschaft integriert werden soll.

Dem Kinde gerecht zu werden, heißt demgegenüber aber, das Kind als Kind mit seinen in ihm schlummernden Anlagen zu sehen, die zu seiner Zeit zu entwickeln sind und dabei besonders die emotionale Grundhaltung des Kindes zu berücksichtigen und sie nicht einem wissenschaftlich rationellen Zweckdenken zu opfern.

So muß die recht verstandene "kompensatorische Erziehung" nicht nur die intellektuelle Förderung der benachteiligten Kinder leisten, sondern darüber hinaus vor allem auch ihre kreativen Fähigkeiten, ihre Spontanität und ihre Selbstbestätigung schulen. Bei einer so verstandenen "kompensatorischen Erziehung" leistet gerade das kindliche Spiel hervorragendes. A. Fechner-Mahn hat gezeigt,[15] daß gerade durch Rollenspiele Sprachdefizite überwunden werden können. Vor allem kann auch Spielmaterial Hilfe leisten, indem es das Kind motiviert und dadurch zur Überwindung seiner Defizite beiträgt.

15) A. Fechner-Mahn, Sozialisierungsprozesse im Spiel, in: Unsere Jugend 1971, Nr. 7, S. 307ff.

Hier bietet neben Spielzeug Fröbelscher Konzeption vor allem Maria Montessoris Spielmaterial Anregungen, weil mit Hilfe dieses didaktischen Materials die verschiedensten Fähigkeiten des Kindes gefördert werden können. Mängel lassen sich hier gezielt beheben, doch bietet gerade das Material in seiner Vielfalt über reine kognitive Funktionen hinaus die Möglichkeit, motorische Fähigkeiten und vor allem die Sinne zu schulen. Hierbei ist es den Kindern möglich, allgemeine Grunderfahrungen zu gewinnen. Die Selbständigkeit und Aktivität des Kindes wird angeregt, ihre Konzentration gesteigert.

Maria Montessori hat richtig erkannt, daß vor allem durch das Spiel die Möglichkeit besteht, Defizite abzubauen, Schäden zu beheben und, wie Montessori sagt, das Kind zu "normalisieren".

Für solch eine Erziehung ist es notwendig, bei den Kindern das Spielbedürfnis und die Spielfähigkeit zu fördern. Durch das Spielmaterial muß gerade die Freude des Kindes für den Umgang mit dem Material geweckt werden, das Kind muß den richtigen Gebrauch des Materials beherrschen und vor allem muß ihm selbst die Möglichkeit gegeben sein, sein Tun zu kontrollieren, ohne daß der Erzieher immer wieder eingreift. Nur so kann das Kind selbständiger und von den Erwachsenen unabhängiger werden.

Vor allem ist das Material Montessoris geeignet, weil dadurch die kindliche Aktivität über einen längeren Zeitraum hinweg gefördert wird und nicht so schnell erlahmt.

E. Fend-Engelmann[16] hat 1972 das Material Montessoris für eine kompensatorische Erziehung zusammengestellt.

Dieses Material kann die Grundlage einer kompensatorischen Erziehung bilden, gleichzeitig erkennt jedoch auch Fend-Engelmann richtig, daß das Material Maria Montessoris weiterer Ergänzungen bedarf. Hierbei muß vor allem über das reine Montessori-Material hinaus weiteres Spielmaterial herangezogen werden. Fend-Engelmann schlägt Material zur freien Gestaltung

---

[16] E. Fend-Engelmann, Schulunreife Kinder-Prophylaxe durch Vorschulerziehung, Bonn 1972.

vor, das Basteln, Kneten und Formen ermöglicht und so die kindliche Phantasie besonders schult. Indem so ein Ansatz der kompensatorischen Erziehung gewählt wird, werden dem Kinde Grunderfahrungen vermittelt, wird seine Anschauung und Erfahrung gefestigt und so einer späteren Förderung speziellerer Fähigkeiten des Kindes vorgearbeitet.

Im Sinne der ganzheitlichen Förderung des Kindes durch das kindliche Spiel ist es aber auch unbedingt erforderlich, eine psychische Harmonie des Kindes zu erreichen. Wie schon Fröbel erkannt hatte, eignet sich gerade das kindliche Spiel dazu, eine Harmonisierung aller kindlichen Kräfte zu erreichen. Fröbels Auffassung hat in der Neuzeit durch die tiefenpsychologischen Forschungen[17] ihre Bestätigung erfahren, die darlegen, daß das Kind im Spiel Spannungen und Konflikte bewältigt, denn im kindlichen Spiel verarbeitet das Kind seine Eindrücke, es erlangt gerade durch sein Spiel wieder sein seelisches Gleichgewicht.

Doch selbst ein früher Einsatz von Trainingsprogrammen bringt wie Bronfenbrenner aufgezeigt hat[18], allein keine größere Beständigkeit bei der Zunahme kognitiver Fähigkeiten. Nach Beendigung des Programms setzte innerhalb der nächsten beiden Jahre ein Abfall der Fähigkeiten der Kinder ein. Bronfenbrenner hat jedoch nachgewiesen, daß dieser Abfall der Fähigkeiten bei einem kompensatorischen Programm aufgehalten werden kann, wenn es nicht nur kurzfristig eingesetzt wird, sondern sich vielmehr über die gesamte Vorschulzeit und die ersten Jahre der Grundschule hin erstreckt und wenn vor allem die Eltern mit in dieses Programm einbezogen werden. Hierbei ist vor allem die Haltung der Mutter der Kinder entscheidend. Wenn sie zur Mithilfe gewonnen werden kann, lassen sich in der kompensatorischen Erziehung eher dauerhafte Erfolge erzielen.

17) Vgl. E. Schmalohr, Den Kindern eine Chance, München 1971, S. 93.
18) U. Bronfenbrenner, Wie wirksam ist kompensatorische Erziehung? Stuttgart 1974.

Diese kompensatorische Erziehung unter Einbeziehung der Eltern muß aber schon vor dem 5. Lebensjahr einsetzen, um Erfolge zu haben.

Betrachtet man die Ergebnisse, die Bronfenbrenner anführt, so wird deutlich, daß eine kompensatorische Vorschulerziehung nur möglich ist, wenn die Familie mit einbezogen wird. Eine intensive Beratung der Eltern ist erforderlich, eine Aufgabe die eine Verbindung zieht vom Bereich der Vorschulerziehung zu dem der Erwachsenenbildung.[19] Elternbildung als mögliche Hilfe bei einer kompensatorischen Erziehung bedeutet so auch, daß die Vorschulerziehung als Ersatzfunktion allein ihr Ziel nicht erlangen kann, sondern daß es erforderlich ist, daß die vorschulische Erziehung eine Ergänzungsfunktion gegenüber der Familie erhält, wobei ähnlich wie es Fröbel geplant hatte, von der vorschulischen Erziehung auch heute noch gerade im Bereich der kompensatorischen Erziehung Anregungen ausgehen können, die auf die Eltern einwirken, so daß auch heute noch vorschulische Erziehungsstätten zu Stätten der Anregung für die Eltern werden können, so wie es Fröbel mit seinem ersten Kindergarten in Keilhau vorschwebte. Vorschulerziehung und Familienerziehung stehen so in engster Beziehung zueinander. Entscheidende Bedeutung gewinnt damit die Frage, ob die vorschulische Erziehung freiwillig oder obligatorisch sein soll, letztlich also die Frage nach der Institution der vorschulischen Erziehung.

---

[19] Vgl. H.H. Groothoff, Erwachsenenbildung und Industriegesellschaft. Eine Einführung in Geschichte, Theorie und Praxis der Erwachsenenbildung in der Bundesrepublik mit einem Beitrag von J. Wirth über "Gesetzliche Begründung und Professionalisierung der Erwachsenenbildung", Paderborn 1976 sowie Gebauer, T., Beratung im Elementar- und Primärbereich, a.a.O., S. 46.

9.3. Zur Neugestaltung der vorschulischen Erziehung

Sollten die Pläne des Deutschen Bildungsrates verwirklicht werden, so wäre die Folge eine Aufspaltung des heutigen Kindergartens in eine freiwillige Elementarstufe für Drei- und Vierjährige und eine obligatorische Primärstufe, in die die 5 und 6jährigen zusammengefaßt wären.

Diese geplante Regelung erscheint jedoch problematisch, denn sie würde über die organisatorische Änderung der Vorschulerziehung hinaus auch wesentlich andere inhaltliche Akzente setzen.

Es besteht hier die Gefahr, daß schulische Akzente ein übermäßig großes Gewicht in der vorschulischen Erziehung gewinnen könnten und damit letzten Endes die Schulpflicht auf das 5. Lebensjahr vorverlegt würde.

Mit dem Streit um diese Neugestaltung der vorschulischen Erziehung flammt eine Diskussion wieder auf, die schon in den Auseinandersetzungen um die Theorie der vorschulischen Erziehung um 1830 - also schon vor Fröbel - entbrannt und aufs engste mit Aspekten der Psychologie verknüpft ist.

Vorschulklassen, die heute als Modellklassen versuchsweise eingerichtet worden sind, um letztlich Entscheidungskriterien zu gewinnen, finden teilweise ihre Begründung in Argumenten, die schon in der Diskussion vor 140 Jahren auftauchten.

So ist es ein Hauptziel der Vertreter dieser 2jährigen obligatorischen Primärstufe für 5 und 6jährige, daß "die Kinder früher und besser für das Lernen vorbereitet und aufgeschlossen und anders als bisher, entsprechend ihrer Individuallage, an die Elemente des schulischen Lernens herangeführt werden können."[20]

---

20) T. Kroj, Vorklasse oder Kindergarten - Ein Plädoyer für die zweijährige Eingangsstufe einer reformierten Grundschule, in: Kindergarten oder Vorklasse, hrsg. von J. Pichottka, München 1973, S. 36.

Der schulische Akzent der vorschulischen Erziehung tritt hier ebenso wie in Entwürfen, die schon vor Fröbel bestanden, eindeutig in den Vordergrund. Das Kind soll auf das Lernen und damit auf die Welt der Erwachsenen möglichst früh vorbereitet werden. Es soll sich Kulturtechniken aneignen. Eine Steigerung seiner kognitiven Fähigkeiten wird erwartet. Vor allem wird aber heute auch argumentiert, durch eine obligatorische zweijährige Eingangsstufe könnten die Bildungsdefizite einzelner Kinder stärker ausgeglichen werden, den Kindern ein größerer Wortschatz vermittelt werden und im mathematischen Bereich frühzeitig "Grundkenntnisse in der Mengenstruktur, der Begriffsbildung, der Ziffernkenntnis und des Zahlenverständnisses erworben"[21] werden.

Man versteht sich hier als Anwalt des Kindes in dem Sinne, daß so die Chancengleichheit vermittelt werden könnte. Die Vorschulerziehung gewinnt hier bildungspolitische Aspekte.

Hierbei stellt sich jedoch die Frage, ob diese Chancengleichheit nicht genauso gut oder vielleicht sogar besser in der Institution des Kindergartens erreicht werden könnte.

Die Befürworter der obligatorischen Vorschulerziehung sehen vor allem den Vorteil, daß alle 5jährigen Kinder gefördert werden könnten.

Hier taucht jedoch die Frage auf, ob durch solch eine Lösung nicht vielmehr schichtungsspezifisch bedingte Unterschiede, die die Chancengleichheit behindern, nur noch verstärkt würden, wenn für die Kinder mit 5 Jahren die Schulpflicht beginnen würde.

Durch Jahrgangsklassen schon in vorschulischer Zeit, bei denen die Kinder fast gleich gefördert würden, läßt sich eine Chancengleichheit wohl kaum erreichen.

21) T. Kroj, Vorklasse oder Kindergarten - Ein Plädoyer für die zweijährige Eingangsstufe einer reformierten Grundschule, a.a.O., S. 39.

Vielmehr müßten Gruppen, eingeteilt nach ihren Interessen und ihrer Leistungsfähigkeit, gebildet werden.

Hier bietet sich der Kindergarten mit seinen "Familiengruppen", d.h. Gruppen, in denen Kinder mehrerer Jahrgänge zusammengefaßt sind, als Hilfe an.[22]

Gerade diese Familiengruppen gewähren die Möglichkeit, Förderungsgruppen zusammenzustellen und Defizite auszugleichen.

Die Chancengleichheit - das Hauptmotiv der Befürworter der obligatorischen Vorschulklassen - scheint sich am besten im Kindergarten verwirklichen zu lassen, wenn in seiner Arbeit teilweise neue Schwerpunkte gesetzt werden. Es wäre notwendig, mit Kindergartenplätzen vor allem die Kinder zu fördern, die sozial benachteiligt sind.[23]

Denn es zeigt sich gerade heute das Bild, daß freiwillige Vorschulklassen vor allem dort geschaffen werden, wo bildungsmotivierte Eltern sich dafür engagieren. Damit aber wird der Bildungsvorsprung dieser Kinder letztlich gefördert.

Die Forderung hieße also, vor allem dort verstärkt Kindergärten als vorschulische Einrichtungen zu schaffen, wo die Chancengleichheit am meisten gefährdet ist, die Hauptakzente einer "vorschulischen Erziehung" vor allem auf die ersten Lebensjahre zu legen, d.h. gezielte Unterrichtung der Eltern über die Erziehungsaufgaben zu betreiben, eine Aufgabe, die letztlich auch die Erwachsenenbildung berührt. Eine weitere Förderung und vor allem ein Ausbau des Kindergartenwesens ist notwendig, denn "Vorschulzeit ist die Zeit von der Geburt des Kindes bis zur Einschulung, und die Bildsamkeit des Kindes beginnt im Säuglingsalter."[24]

22) Vgl. W. Küchenhoff, Vorklasse oder Kindergarten, in: Kindergarten oder Vorklasse, hrsg. von J. Pichottka, a.a.O., S. 68.
23) Vgl. A. Flitner, Vorschulpolitik auf falschen Wegen, in: Unsere Jugend, München 1971, S. 320ff.
24) E. Hoffmann, Fröbels Beitrag zur Vorschulerziehung, a.a.O., S. 149.

Diese Forderungen bedeuten aber, daß die vorschulische Erziehung nicht, wie es heute wieder überwiegend geschieht, aus dem Blick von der Schule her betrachtet werden darf, von den Leistungen, die dort von dem Kinde gefordert werden und auf die man die Kinder möglichst früh vorbereiten will, sondern um den psychologischen Erkenntnissen gerecht zu werden, gerade entgegengesetzt vom Kinde her mit dem Schwerpunkt auf den ersten Lebnnsjahren erfolgen muß. Aus diesem Blickwinkel heraus muß für die vorschulische Erziehung in erster Linie die Forderung erhoben werden, das Kind allseitig zu fördern, gerade um es später schulfähig zu machen, denn schulfähig zu sein, bedingt nicht in erster Linie eine kognitive Schulung, sondern jede kognitive Förderung setzt - wenn sie dauerhaft sein soll - voraus, daß mit Hilfe des kindlichen Spiels - eine breitere Basis, wie Entfaltung der Sinne, freie Aktivität, kindliche Selbständigkeit und vor allem Sozialisationsfähigkeit des Kindes geschaffen wird.

10. Rückschau

Es zeigt sich an Hand der geschichtlichen Entwicklung, daß Stätten zur Bewahrung von Kindern dort zuerst geschaffen wurden, wo Notsituationen vorhanden waren. Auffällig ist hierbei, daß die ersten vorschulischen Einrichtungen nicht in einer industriellen, sondern in einer ländlichen Gegend geschaffen wurden. In Pfarrer Oberlins Werk scheinen sich Gedanken der Aufklärung und Motive der christlichen Nächstenliebe zu verbinden.

Zum Durchbruch verhalf die fortschreitende Industrialisierung sowie die zunehmende Verstädterung den vorschulischen Einrichtungen. So wird von Robert Owen - aus dem Gegensatz zur Kinderarbeit heraus - unter dem Einfluß der Aufklärung die "infant-school" geschaffen.

Die zunehmende Industrialisierung förderte die Gründung zahlreicher Kindergärten Fröbelscher Konzeption, doch zunehmend trat der caritative Gedanke - vor allem bei den kirchlichen Kindergärten - gegenüber Fröbels Konzeption stärker in den Vordergrund.

Die soziale Not rief Montessoris Konzeption der Überwindung der Not durch Erziehung des Kindes zu möglichst frühzeitiger Unabhängigkeit hervor.

In der weiteren Entwicklung zeigt es sich, daß Kindergärten immer mehr zu Ersatzinstitutionen wurden, die vor allem dann eingreifen sollten, wenn die Familie ihren Erziehungsauftrag nicht mehr erfüllen kann. Fröbels Auffassung vom Kindergarten wird so immer stärker zurückgedrängt.

Die Geschichte der Vorschulerziehung, die Auseinandersetzung um ihre Theorie, erscheint immer wieder als ein Streit, der um die Frage entbrannt ist, ob die vorschulische Erziehung dazu dienen soll, das Kind gezielt auf die Anforderungen der Gesellschaft vorzubereiten, ihm Fähigkeiten, die von der Gesellschaft für das Leben in der Gesellschaft gefordert werden, beizubringen oder ob sie in erster Linie die Aufgabe hat, dem Kinde gerecht zu werden, seine Anlagen zu fördern und zu entwickeln, es vor den Ansprüchen der Welt der Erwachsenen zu schützen.

Damit wäre die Geschichte der vorschulischen Erziehung in ihren theoretischen Überlegungen, die sich in den verschiedenen Konzeptionen wiederspiegeln, letztlich ein unaufhörender Streit um die Prioritäten zwischen diesen beiden Ansprüchen, der sich in der Frage zuspitzt: "Wann soll für das Kind der Ernst des Lebens beginnen, wann sollen dem Kinde die "Grundfertigkeiten", die vom Erwachsenen verlangt werden, beigebracht werden?"

Letztlich erscheint die gesamte Theorie der vorschulischen Erziehung so ein Streit zu sein um diese Linie zwischen dem Schonraum, den man bereit ist, dem Kinde zu gewähren und den Ansprüchen, die die Welt der Erwachsenen an das Kind stellt. Es ist ein Streit, der schon zur Zeit der Aufklärung entbrannte, so bis zu den Anfängen der vorschulischen Erziehung zurückreicht und für den die Instanz der Psychologie von entscheidender Bedeutung geworden ist.

Ein Verdienst der Psychologie ist es vor allem, erkannt zu haben, daß für die Entwicklung des Menschen die frühe Kindheit entscheidend ist. Sie hat den Blick auf diesen Bereich der menschlichen Entwicklung gelenkt und der Erkenntnis zum Durchbruch verholfen, daß in den ersten Lebensjahren, in der Zeit der vorschulischen Erziehung, alle Funktionen des Kindes, die es im weiteren Leben benötigt, wie analytische Wahrnehmungsfähigkeit, motorische und sensomotorische Fähigkeiten, aber auch logisches Denken und der Spracherwerb eine im Hinblick auf die zukünftige Entwicklung entscheidende Ausprägung erfahren.

Schon Rousseau verweist auf die Einheit von Aufwachsen, Lernen und Erziehen, darauf, daß jegliche Entwicklungsstufe des Kindes eine dieser Stufe eigene Reife hervorbringt, und er begründet von dieser psychologischen Auffassung her die Gleichwertigkeit des Kindes mit dem Erwachsenen.

In der Nachfolge Rousseaus hat dieser psychologische Ansatz durch das systematische Beobachten von Kindern eine Ausweitung erhalten und findet im vorschulischen Bereich vor allem in Fröbels Theorie des Kindergartens Anwendung, die die ganze Erziehung des Menschen als Einheit auffaßt, die innerhalb der einzelnen Altersstufen, aber auch zwischen den Altersstufen besteht. Von dieser psychologischen Sicht her wird sowohl der Eigenwert der einzelnen Entwicklungsstufen wie auch die Bedeutung der frühen Kindheit untermauert.

Deutlich wird so, daß seit der 2. Hälfte des 18. Jahrhunderts sich im Bereich der vorschulischen Erziehung eine Hinwendung der Pädagogik zur Psychologie vollzieht, die in der Nachfolge Rousseaus geschieht. Zugleich tritt seit dieser Zeit die Einbeziehung der Empirie zu Tage, die sich auch darin zeigt, daß außer der Psychologie auch Erkenntnisse der Sozialwissenschaften, Naturwissenschaften und der Medizin von der Pädagogik herangezogen werden, wobei die Trennung der einzelnen Wissenschaften aufgehoben wird. Indem die empirischen Wissenschaften, vor allem die Psychologie, in den Bereich der Pädagogik mit einbezogen werden, sieht sich die Pädagogik mehr und mehr als praktische Pädagogik, die im vorschulischen Bereich auch das Seelenleben des Kindes zu analysieren versucht und sich hierbei auf Einzelbeobachtungen, auf das Sammeln von Fakten stützt, um sie in Anweisungen für die Erziehung praktisch nutzbar zu machen.

Seit Ende des 19. Jahrhunderts geht im Bereich der vorschulischen Erziehung die Ausweitung des Einflusses der Psychologie - und hier besonders eines Teilbereiches der Psychologie, der Kinderpsychologie - einher mit einer immer detaillierteren experimentellen Forschungsarbeit, die im Bereich der Entwicklungspsychologie und vor allem auch in dem der Tiefenpsychologie entscheidenden Einfluß auf die "Pädagogische Bewegung vom Kinde" und damit auch auf die vorschulische Erziehung der Zeit nach 1900 ausübte.

Diesem Einfluß der Psychologie ist es zu verdanken, daß sich die Einstellung der Erzieher gegenüber dem Kinde doch teilweise veränderte, daß auch die seelischen Vorgänge stärker beachtet und daß die Eigenständigkeit der Kindheit mehr und mehr anerkannt wurde. Indem man den Entwicklungsstand des Kindes berücksichtigte, konnte auch den Forderungen nach Verbesserung der Methode der Erziehung der Kinder und nach Spielmaterial, das dem Entwicklungsstand des Kindes entspricht, mehr Raum gegeben werden.

Die Psychologie, die mit ihren Ansätzen zur Entwicklungspsychologie, Tiefenpsychologie, Lernpsychologie und Sozialisationsforschung heute die Theorie der vorschulischen Erziehung weitgehend bestimmt, erweist sich so als die entscheidende Instanz, die der vorschulischen Erziehung entscheidende Impulse gegeben hat und noch gibt.

Vor diesem Hintergrund einer immer stärkeren Hinwendung der Vorschulpädagogik zu der Instanz der Psychologie vollzieht sich die Entwicklung der vorschulischen Institutionen.

III. Anhang

Literaturhinweise

I. Bibliographien

Bibliographie zur Frühpädagogik bearbeitet von Helga Kochan-Döderlein u.a., hrsg. vom Institut für Frühpädagogik, München 1972.

Bibliographie Vorschulerziehung, hrsg. von Wulf Weinmann, Deutsches Jugendinstitut München, München ^{2}1970.

Jetter-Lörcher, L., Bibliographie zur Vorschulerziehung, in: Recht der Jugend und des Bildungswesens, 1971, S. 332-334.

Kessels, J., Die Kleinkindpädagogik im heutigen Widerstreit der Meinungen, in: Jugendwohl, 1969, 12, S. 457-469.

Literatur zur vorschulischen Erziehung. Ein Auswahlverzeichnis der Stadtbücherei Duisburg, Duisburg 1972.

Literatur zur vorschulischen Erziehung, Anhang zu: Demmann, E., Puser, H., Die Entwicklung der Kleinkinderschule und des Kindergartens, Quellen zur Kleinkindererziehung, München 1981.

II. Weitere Literaturangaben

Anastasi, A., Vererbung, Umwelt und die Fragen nach dem "Wie", in: O.M. Ewert (Hg.), Entwicklungspsychologie, Bd. 1, Köln 1972.

Arbeitsgruppe Vorschulerziehung, Anregungen I: Zur pädagogischen Arbeit im Kindergarten, Deutsches Jugendinstitut aktuell, München ³1974.

Arbeitsgruppe Vorschulerziehung. Vorschulische Erziehung in der Bundesrepublik. Eine Bestandsaufnahme zur Curriculumentwicklung. Deutsches Jugendinstitut aktuell, München 1974.

Ariès, Ph., Geschichte der Kindheit, München ²1976.

Aristoteles, Nicomachische Ethik, hrsg. von G. Bien, Hamburg 1973.

Asheim, J., Glaube und Erziehung bei Luther, Heidelberg 1961.

Bahrdt, H.P., Wandlung der Familie, in: Familiensoziologie, hrsg. von D. Claessens und P. Milhofer, Frankfurt 1974, S. 11ff.

Barres, E., Erziehung im Kindergarten, Weinheim 1972.

Bäuerle, W., Strategische Alternativen des Kindergartens, in: Blätter der Wohlfahrtspflege 1970, Nr. 10, S. 318ff.

Bäumer, G., Grundlagen der Sozialpädagogik, in: Handbuch der Pädagogik, hrsg. von Noll-Pallat, Bd. V, Langensalza 1929.

Begemann, H., Strukturwandel der Familie, Hamburg 1960.

Beite, M.D., Neue Aspekte der Vorschulerziehung, in: Die Schulwarte, 1971, H. 8, S. 1-12.

Beiträge zur Geschichte der Vorschulerziehung, hrsg. von E. Barow-Bernstein u.a., Berlin ³1971.

Berg, Christa, Die Okkupation der Schule, Heidelberg 1973.

Bernstein, B., Soziokulturelle Determinanten des Lernens, in: H. Helmers, Zur Sprache des Kindes, Darmstadt 1969, S. 272-308.

Bettelheim, B., Die Kinder der Zukunft, München 1973.

Bettelheim, B., Liebe allein genügt nicht, Die Erziehung emotional gestörter Kinder, Stuttgart ²1971.

Bildungsförderung im Vorschulalter. Bericht von der Regionaltagung der UNESCO zur Frage der Reform der Vorschulerziehung in der BRD. In: Zeitschrift für erziehungswissenschaftliche Forschung, 1970, S. 191-194.

Bildungskommission des Deutschen Bildungsrates, Bericht 1975, Bonn 1975.

Bilstein, J., Entwicklung, Erziehung, Sozialisation, Stuttgart 1982.

Bittner, G. und Schmidt-Cords, E. (Hrsg.), Erziehung in früher Kindheit. München ⁵1973.

Bittner, G., Tiefenpsychologie und Kleinkindererziehung, Paderborn 1979.

Blochmann, E., Pädagogik des Kindergartens, Iin: Erziehung in früher Kindheit, hrsg. von G. Bittner und E. Schmidt-Cords, München ⁵1973, S. 323-343.

Bloom, B.S., Stability and Change in Human Characteristics, New York, London, Sidney 1964.

Bofinger, J.Fr., Die Kleinkinderschulen und Kinderpfleger Württembergs, Stuttgart 1865.

Bolte, K.M., Deutsche Gesellschaft im Wandel, Opladen 1966.

Bott, G., Erziehung zum Ungehorsam. Kinderläden berichten aus der Praxis der antiautoritären Erziehung. Frankfurt ²1970.

Brinkmann, D.,Pädagogische Texte III, Normen und Institutionen, Institutionalisierung von Erziehung am Beispiel: Kindergarten, Stuttgart 1982.

Bronfenbrenner, U., Wie wirksam ist kompensatorische Erziehung? Stuttgart 1974.

Buch, M., Die pädagogischen und sozialpädagogischen Ideen Johann Friedrich Oberlins. Berlin, Leipzig 1932.

Bühler, Ch. u. Hetzer, H., Zur Geschichte der Kinderpsychologie, in: Beiträge zur Problemgeschichte der Psychologie, Festschrift zu K. Bühlers 50. Geburtstag, Jena 1929.

Bruner, J.S., Der Prozeß der Erziehung, Düsseldorf 1972.

Buss, A., Artikel "Vorschulerziehung", in: Neues Pädagogisches Lexikon, hrsg. von H.H. Groothoff und M. Stallmann, Stuttgart ^{5}1971, Sp. 1252ff.

Chimani, L., Theoretisch-praktischer Leitfaden für Lehrer in Kinder-Bewahranstalten, Wien 1832.

Claßen, J., Antiautoritäre Kleinkindererziehung, in: Handbuch der Früh- und Vorschulpädagogik, hrsg. von R. Dolase, Bd. 2, Düsseldorf 1978, S. 163-177.

Coppius, M., Über die Montessori-Methode, II., in: Kindergarten, 55. Jg., Leipzig 1914, S. 100-106.

Comenius, J.A., Informatorium der Mutterschul, hrsg. von H. Heubach, Heidelberg 1962.

Correll, W., Lernen und Lehren im Vorschulalter, Donauwörth, 1970.

Curriculumentwicklung im Vorschulbereich, Texte, hrsg. von J. Zimmer, in: Erziehung in Wissenschaft und Praxis, hrsg. von A. Flitner, Bd. 21, München 1973.

Deißler, H.H., Verschulter Kindergarten? Freiburg ^{3}1974.

Deißler, H.H., Der neue Kindergarten, Freiburg 1974.

Demmann, E., Prüser, H., Die Entwicklung der Kleinkinderschule und des Kindergartens, Quellen zur Kleinkindererziehung, München 1981.

Deschau, D., Die Ausbildung der Erzieher für Kindergarten, Heimerziehung und Jugendarbeit an den Fachschulen/Fachakademien für Sozialpädagogik. Entwicklung, Bestandsaufnahme, Reformvorschläge, Marburg 1976.

Deutscher Bildungsrat, Die Bildungskommission, Bericht '75, Entwicklungen im Bildungswesen, Stuttgart 1975.

Deutscher Bildungsrat. Empfehlungen der Bildungskommission.
Zur Einrichtung eines Modellprogramms für Curriculum-Entwicklung im Elementarbereich, Bonn 1973.

Deutscher Bildungsrat, Strukturplan für das Bildungswesen,
Bonn 1970.

Deutsche Schulkonferenz, Bd. III, Die Reichsschulkonferenz
1920. Ihre Vorgeschichte und Vorbereitung und ihre Verhandlungen. Amtlicher Bericht. Erstattet vom Reichsminister des
Inneren, Leipzig 1921.

Diesterweg, A., Friedrich Fröbel, in: Jahrbuch für Lehrer und
Schulfreunde, Bd. 1, 1850, S. 119-141.

Diesterweg, H., Wilhelm Middendorf, in: Jahrbuch für Lehrer
und Schulfreunde, Bd. 5, 1855, S. 1-78.

Diesterweg, A., Wunsch, den Kleinkinderunterricht betreffend,
in: Rheinische Blätter für Erziehung und Unterricht, Bd. 2,
1827, S. 175ff.

Dittrich, T., Die pädagogische Bewegung vom Kinde aus,
Heilbrunn 1967.

Dolezal, U., Erziehungsverhalten in Kinderläden, Wiesbaden
1975.

Dollase, R., Handbuch der Früh- und Vorschulpädagogik, Düsseldorf 1978.

Doman, G. - Lückert, H.R., Wie kleine Kinder lesen lernen,
Freiburg 1967.

Domke, H., Erziehungsmethoden, Bd. II der Reihe: Pädagogik.
Eine Einführung, hrsg. von E. Weber. Donauwörth, ^{3}1974.

Droescher, L., Der Kindergarten in den Beratungen der Reichsschulkonferenz, Bericht von der Arbeit des Ausschusses I,
in: Der Kindergarten, 1920, S. 171ff.

Du Bois-Reymond, M., Strategien kompensatorischer Erziehung,
Das Beispiel der USA, Frankfurt 1973.

Ehlers, M., Gedanken von den zur Verbesserung der Schulen
notwendigen Erfordernissen. Altona und Lübeck 1766.

Eisenstadt, S.N., Von Generation zu Generation, München 1966.

Engelsing, R., Sozial- und Wirtschaftsgeschichte Deutschlands, Göttingen ²1976.

Erning, G., Quellen zur Geschichte der öffentlichen Kleinkindererziehung, Kastellaun 1976.

Erziehungswissenschaftliches Handbuch, hrsg. von Th. Ellwein, H.H. Groothoff, H. Rauschenberger und H. Roth, Bd. 1: Erziehung als gesellschaftliches Phänomen, Berlin 1969.

Erziehungswissenschaftliches Handbuch, hrsg. von Th. Ellwein, H.H. Groothoff, H. Rauschenberger und H. Roth, Bd. III, 1: Aufwachsen und Erziehung als Gegenstände verschiedener Wissenschaften, Berlin 1971.

Erziehungswissenschaftliches Handbuch, hrsg. von Th. Ellwein, H.H. Groothoff, H. Rauschenberger und H. Roth, Bd. III, 2: Aufwachsen und Erziehung als Gegenstände verschiedener Wissenschaften, Berlin 1971.

Erziehungswissenschaftliches Handbuch, hrsg. von Th. Ellwein, H.H. Groothoff, H. Rauschenberger und H. Roth, Bd. IV: Pädagogik als Wissenschaft, Berlin 1975.

Familiensoziologie, hrsg. von D. Classen und P. Milhoffer, Frankfurt 1974.

Fathe, R., Kompensatorische Erziehung im Vorschulalter, in: G. Hundertmark und H. Ulshoefer: Kleinkindererziehung, Bd. 3, München 1972, S. 187-211.

Fend-Engelmann, E., Schulunreife - Kinder-Prophylaxe durch Vorschulerziehung, Bonn 1972.

Fliedner, T., Das erste Jahrzehnt der Diakonissenanstalt zu Kaiserswerth a. Rh., vom 13. Oktober 1836 bis 1. Januar 1847, Kaiserswerth 1847.

Fliedner, T., Armen- und Krankenfreund, Kaiserswerth 1850.

Fliedner, T., Quellen, Kindernot und Kinderhilfe vor 120 Jahren. Quellenstücke aus dem Fliednerarchiv in Kaiserswerth, hrsg. von A. Sticker, Witten 1958.

Flitner, A., und Hornstein, W., Kindheit und Jugend in geschichtlicher Betrachtung, in: Zeitschrift für Pädagogik, Bd. 10, 1964, S. 311ff.

Flitner, A., Der Streit um die Vorschulerziehung, in: Erziehung in früher Kindheit, hrsg. von G. Bittner und E. Schmidt-Cords, München 1968.

Flitner, A., Vorschulpolitisch auf falschen Wegen? in: Unsere Jugend, 1971, S. 320-326.

Fölsing, J., Geist der Kleinkindererziehung, insbesondere die Kleinkinderschule, wie sie ist und sein soll, Darmstadt ^{2}1846.

Fölsing, J., Zur Reform der Kleinkinderschulen nach hundertjährigem Bestehen, Forst 1880.

Freud, A., Die Rolle der körperlichen Krankheit im Seelenleben des Kindes, in: Erziehung in früher Kindheit, hrsg. von G. Bittner und E. Schmidt-Cords, München ^{5}1973, S. 235ff.

Fritzsche, Th., Trapp, Dresden, 1900.

Fritzsche, Th., Die Anfänge der Kinderpsychologie und die Vorläufer des Versuchs in der Pädagogik, in: Zeitschrift für Pädagogische Psychologie, Pathologie und Hygenie, XI, 1910.

Fröbel, F., Ausgewählte Schriften und Briefe von 1809 - 1851, hrsg. von Erika Hoffmann, 1. Bd., Godesberg 1951.

Fröbel, F., Brief an Dr. Fehlsberg vom 7.2.1848, in: Kindergartenzeitung, 1871, S. 54/55.

Fröbel, F., Die Menschenerziehung, hrsg. und eingeleitet von H. Zimmermann, Leipzig 1926.

Fröbel, F., Schriften, hrsg. von F. Seidel, Bd. 2, Leipzig und Wien 1883.

Fröbel, F., Werke, hrsg. von H. Zimmermann, Leipzig 1926.

Fröbels Werke, hrsg. von W. Lange, Berlin 1862/63.

Funkkolleg Erziehungswissenschaft, Studienbegleitbriefe, hrsg. von W. Klafki u.a., Bd. 2, Weinheim ^{2}1970.

Fürstenau, P., Soziologie der Kindheit, Kindheit und Gesellschaft, Heidelberg 1967.

Gagné, R.M., Die Bedingungen des menschlichen Lernens, Hannover 1969.

Gebauer, S., Familie und Staat, Heidelberg und Berlin 1961.

Gebauer, T., Beratung im Elementar- und Primärbereich, in: Heller, K.A. u.a., Bildungsberatung, Bd. II, Stuttgart 1975, S. 455-472.

Gehring, J., Die Evangelische Kinderpflege, Berlin 1929.

Geißler, H., Comenius dachte als erster die Idee des Kindergartens. In: Evangelische Kinderpflege 65 (1957), 9, S. 11ff.

Giesecke, H., Einführung in die Pädagogik, München 1969.

Glaser, L. (Hrsg.), Schule vor der Schule? Vorschulerziehung, Abschied von der Bewahranstalt. Düsseldorf 1970.

Gläser, J., Pestalozzi, in: Pädagogik vom Kinde aus, Weinheim 1960.

Gläss, T. (Hrsg.), Pädagogik vom Kinde aus, Weinheim 1960.

Goode, William J., Die Struktur der Familie, Köln 1960.

Goode, William J., Soziologie der Familie, München 1967.

Grohmann, J.Ch.A., Ideen zu einer Geschichte der Entwicklung des kindlichen Alters. Psychologische Untersuchungen, Elberfeld 1817.

Groothoff, H.H., Einführung in die Erziehungswissenschaft, Ratingen 1975.

Groothoff, H.H., Erwachsenenbildung und Industriegesellschaft, Eine Einführung in Geschichte, Theorie und Praxis der Erwachsenenbildung in der Bundesrepublik mit einem Beitrag von J. Wirth über "Gesetzliche Begründung und Professionalisierung der Erwachsenenbildung", Paderborn 1976.

Grundriß der Geschichte, Bd. II, hrsg von G. Bonwetsch, Stuttgart 1960.

Grundriß der Geschichte, Bd. III, hrsg. von H. Herzfeld u.a., Stuttgart 1961.

Günther, K.H., Robert Owens pädagogische Schriften, Berlin 1955.

Haensel, D. und Ortmann, H., Kompensatorische Vorschulerziehung und sozialer Aufstieg, in: Zeitschrift für Pädagogik 1971, S. 431ff.

Handbuch der Bildungsberatung, hrsg. von K.A. Heller u.a., Bd. 1-3, Stuttgart 1975.

Handbuch der Pädagogik, hrsg. von Nohl-Pallat, Bd. V, 1929.

Hansen, W., Die Entwicklung des kindlichen Weltbildes, München ^{5}1960.

Hartfield, G. und Holm, K., Bildung und Erziehung in der Industriegesellschaft, Opladen 1973.

Hartfield, G., Theorien der Sozialisation, in: G. Hartfield und K. Holm, Bildung und Erziehung in der Industriegesellschaft, Opladen 1973.

Hebenstreit, S., Einführung in die Kindergartenpädagogik, Stuttgart 1980.

Hebenstreit, S., Schulkindergarten - Modell ausgleichender Erziehung? Kronberg 1974.

Heckhausen, H., Förderung der Lernmotivation und der intellektuellen Tüchtigkeit, in: H. Roth, Begabung und Lernen, Stuttgart 1969, S. 193ff., sowie in: Kurt Meiers, Vorschulerziehung, Heilbrunn 1973, S. 48-61.

Hederer, J., Evolution der Sozialpädagogik, Quellen und Kommentare, München 1975.

Heerwart, E., Einführung in die Theorie und Praxis des Kindergartens, Leipzig 1901.

Heiland, H., Literatur und Trends in der Fröbelforschung, Weinheim 1972.

Heinsohn, G., Vorschulerziehung heute? Frankfurt 1971.

Heller, K.A., Intelligenzmessung, Villingen 1976.

Hemmer, K.P. und Obereisenbuchner, M., Die Reform der vorschulischen Erziehung, München 1979.

Herkenrath, L.L., Sozialisationsbedingungen im Vorschulalter, in: Vorschulerziehung, hrsg. von K. Meiers, Heidelberg 1973, S. 176-189.

Hermanutz, L., Vorschulische Erziehung in katholischer Trägerschaft, Bamberg 1977.

Hesekiel, J., Die Kleinkinderschule in ihrer Bedeutung für die Arbeiterfrage, Magdeburg 1871.

Hessen, S., Fröbel und Montessori, in: Die Erziehung I, 1926, S. 81.

Heußer, A., Geschichte der Kleinkinderpädagogik in Einzeldarstellungen, Leipzig 1914.

Hierdeis, H., Erziehungssituationen, in: Weber, E., Pädagogik, eine Einführung, Bd. 3, Donauwörth 1974.

Hoffmann, E., Die vierjährige sozialpädagogische Ausbildung, Blätter des Pestalozzi-Fröbel-Verbandes, 1962.

Hoffmann, E., Fröbels Beitrag zur Vorschulerziehung, in: Blätter des Pestalozzi-Fröbel-Verbandes, Sonderdruck aus Heft 5, Sept./Okt. 1968.

Hoffmann, E., Frühkindliche Bildung und Schulanfang, in: Erziehung in früher Kindheit, hrsg. von G. Bittner und E. Schmidt-Cords, München ^{5}1973, S. 344ff.

Hoffmann, E., Vorschulerziehung in Deutschland. Historische Entwicklung im Abriß, Witten 1971

Hölterschinken, D., Dokumentation Vorschulerziehung, Freiburg ^{2}1973.

Hoof, D., Handbuch der Spieltheorie Fröbels, Braunschweig 1976.

Hopf, D., Entwicklung der Intelligenz und Reform des Bildungswesens. Bemerkungen zu B.S. Bloom, Stability and Change in Human Characteristics, in: Neue Sammlung 1971, S. 73ff.

Hübner, J., Die christliche Kleinkinderschule, ihre Geschichte und ihr gegenwärtiger Stand, Gotha 1888.

Hundertmark, G., Soziale Erziehung im Kindergarten, in: Brennpunkte gegenwärtiger Pädagogik, hrsg. von A. Flitner, München 1972.

Husen, T., Schulkrise, Weinheim 1974.

Iben, G., Gruppenbeziehungen im Erziehungsprozeß, in: Funkkolleg, Erziehungswissenschaft, Fischer Funkkolleg Bd. 1, Weinheim 1970, S. 92ff.

Iben, G., Kompensatorische Erziehung - Analysen amerikanischer Programme, München 1971.

Johansen, E.M., Betrogene Kinder, Eine Sozialgeschichte der Kindheit, Frankfurt 1978.

John, C., Die Kleinkinderschule für Kinder von 2 bis 6 Jahre, Nordhausen 1830.

Jones, E.E. und Gerard, H.B., Die lerntheoretische Erklärung der Sozialisation, in: G. Hartfield und K. Holm, Bildung und Erziehung in der Industriegesellschaft, Opladen 1973.

Jürgens, H.W., Familiengröße und Bildungsweg, Stuttgart 1964.

Key, E., Das Jahrhundert des Kindes, Berlin $^{34-36}$1926.

Kindergarten oder Vorklasse, Beiträge zur Elementarerziehung, hrsg. von J. Pichottka, München 1973.

Kittel, G., Theologisches Wörterbuch zum N.T., Stuttgart 1955, Bd. V, Sp. 644ff.

Kittel, H., Der Erzieher als Christ, Göttingen ^{3}1961.

Kittel, H., Die Entwicklung der Pädagogischen Hochschulen 1926-1932, Hannover-Darmstadt 1957.

Kittel, H., Evangelische Religionspädagogik, Dortmund 1970.

Klaßen, T., Zur Polarisation des Streites um die Vorschulerziehung, Dt. Inst. für Wiss. Pädagogik, München 1970.

Kleinkinderschulen, Kinderbewahranstalten, Warteschulen, Kindergärten, Artikel, hrsg. von Flashar, in: Schmidt, K.A., Encyklopädie des gesammten Erziehungs- und Unterrichtswesens, Bd. IV, Gotha 1865, S. 30-59.

Kob, J., Erziehung in Elternhaus und Schule, Stuttgart 1963.

Köller, A., Die Pädagogik des Kindergartens, Weimar ^{2}1885.

Köllmann, W., Die industrielle Revolution, Quellen zur Sozialgeschichte Großbritanniens und Deutschlands im 19. Jahrhundert, Stuttgart 1963.

König, R., Materialien zur Soziologie, der Familie, Bern 1946.

König, R., Soziologie der Familie, in: Handbuch der empirischen Sozialforschung II, Stuttgart 1969.

Köster, H.L., Geschichte der deutschen Jugendliteratur, München 1972.

Krämer, J., Erziehung als Antwort auf die soziale Frage, Düsseldorf 1963.

Kraul, M., Kindheit, Erziehung und Gesellschaft - früher und heute, Stuttgart 1979.

Krecker, M., Quellen zur Geschichte der Vorschulerziehung, Berlin 1971.

Kroj, T., Vorklasse oder Kindergarten - Ein Plädoyer für die zweijährige Eingangsstufe einer reformierten Grundschule, in: Kindergarten oder Vorklasse, hrsg. von J. Pichottka, München 1973, S. 24-56.

Küchenhoff, W., Vorklasse oder Kindergarten?, in: Kindergarten oder Vorklasse?, hrsg. von J. Pichottka, München 1973, S. 57-72.

Kuczynski, Jürgen, Die Geschichte der Lage der Arbeiter in Deutschland von 1800 bis in die Gegenwart, Bd. 1 und Bd. 2, Berlin 1947.

Langbehn, J., Rembrandt als Erzieher. Von einem Erzieher, Leipzig [8]1890.

Langeveld, M.J., Studien zur Anthropologie des Kindes, Tübingen 1956.

Lehr, U., Die Bedeutung der Familie im Sozialisationsprozeß, Schriftenreihe des Bundesministeriums für Familie und Gesundheit, Nr. 5, Bonn 1973.

Lenarz, M., Kindergartenarbeit, in: Konzepte, hrsg. von K.H. Hengolt, Köln 1970, Heft März/April.

Lexikon Pädagogik, Fischer Lexikon, hrsg. von H.H. Groothoff, Frankfurt 1973.

Lhotzky, H., Die Seele deines Kindes, Königstein 1924.

Lichtenstein, E., Aristoteles: Über Erziehung, in: Behauptung der Person, Festschrift für H. Bohnenkamp, Weinheim 1963, S. 247ff.

Lichtenstein, E., Der Logos als Pädagoge, in: Bildungsgeschichtliche Perspektiven, Ratingen 1962, S. 24ff.

Liedtke, H., Soziale Schichtung. Familienstruktur und Sozialisation, in: Familienerziehung, Sozialschicht, Schulerfolg, hrsg. von der b:e Redaktion, Beltz, Weinheim ^{4}1974, S. 135ff.

Litt, Th., Das Bildungsideal der deutschen Klassik und die moderne Arbeitswelt, Bonn 1955.

Lowinsky, V., Neuere amerikanische Arbeiten auf dem Gebiet der Kinderpsychologie, in: Zeitschrift für Pädagogische Psychologie, Pathologie und Hygiene, Jg. VI, Berlin 1904, S. 1ff.

Lückert, H.R., Bemerkungen zum Frühlesen, in: Schule und Psychologie, 15, 1968, S. 220ff.

Lückert, H.R., Dokumente einer vorschulischen Begabungsförderung, München 1973.

Lückert, H.R., Reform der vorschulischen Erziehung. Information und Innovation, in: Schule und Psychologie, 1970, S. 253ff.

Lüdtke, H., Soziale Schichtung, Familienstruktur und Sozialisation, in: Familienerziehung, Sozialschicht, Schulerfolg, hrsg. von der b:e Redaktion, Weinheim ^{4}1974.

Marenholtz-Bülow, B.V., Der Kindergarten und die Bedeutung des kindlichen Spiels, Braunschweig o.J.

Menze, C., Die Bildungsreform Wilhelm von Humboldts, Hannover 1975.

Menze, C., Die Hinwendung der deutschen Pädagogik zu den Erfahrungswissenschaften vom Menschen, Eine geschichtliche Betrachtung, in: Neue Folge der Ergänzungshefte zur Vierteljahrsschrift für wissenschaftliche Pädagogik, Bochum 1966, H. 5, S. 26ff.

Middendorff, W., Die Kindergärten. Bedürfnis der Zeit, Grundlage einer Volkserziehung. Der deutschen Nationalversammlung zur Würdigung vorgelegt, Blankenburg bei Rudolfstadt 1848.

Mitscherlich, A., Auf dem Wege zur vaterlosen Gesellschaft, München 1964.

Mörsberger, H., Der Kindergarten, Freiburg 1978.

Mollenhauer, K., Einführung in die Sozialpädagogik, Weinheim ^{4}1968.

Mollenhauer, K., Die Ursprünge der Sozialpädagogik, in der industriellen Gesellschaft, Weinheim 1959.

Montessori, M., Das Kind in der Familie, Stuttgart 1954.

Montessori, M., Montessori-Erziehung für Schulkinder, Stuttgart 1926.

Montessori, M., Selbständige Erziehung im Kindesalter, in: Die pädagogische Bewegung vom Kinde aus, Texte, hrsg. von Theo Dietrich, Heilbrunn ^{2}1967.

Moritz, Hans, Die Neuentdeckung der Familie, München 1972.

Muchow, M. und Hecker, H., Friedrich Fröbel und Maria Montessori, Leipzig 1927.

Neigebaur, J.F., Das Volksschulwesen in den Preußischen Staaten. Eine Zusammenstellung der Verordnungen, welche den Elementarunterricht der Jugend betreffen, Berlin 1834.

Neidhardt, F., Die Familie in Deutschland, Opladen ^{3}1971.

Neidhardt, F., Die junge Generation, Struktur und Wandel der Gesellschaft, Reihe B. Beiträge zur Sozialkunde, Opladen 1967.

Neidhardt, F., Soziologie der Familie, Sozialisation und Sozialisationsprobleme, in: Erziehungswissenschaftliches Handbuch, hrsg. von Th. Ellwein, H.H. Groothoff, H. Rauschenberger und H. Roth, Bd. III, 2, Berlin 1971, S. 202-235.

Neues Pädagogisches Lexikon, hrsg. von H.H. Groothoff und M. Stallmann, Stuttgart ^{5}1971.

Nickel, H., Entwicklungspsychologie des Kindes- und Jugendalters, Bd. 1, Bern ^{4}1982.

Niemann, N., Wörterbuch der Vorschulerziehung, Heidelberg 1979.

Nohl, H. und Pallath, L., Handbuch der Pädagogik Bd. IV, Langensalza 1928 sowie Bd. V, Langensalza 1929.

Oberlin, J.F., Vollständige Lebensgeschichte, hrsg. von Hilpert, Stöber u.a., 2 Bde., Stuttgart 1843.

Oerter, R., Moderne Entwicklungspsychologie, Donauwörth ^{13}1970.

Ott, E., Vorschulische Intelligenzförderung, Stuttgart 1970.

Pädagogisches Lesebuch, hrsg. von K. Schilde, H. Brühl, H.H. Groothoff, E. Hoflich u. H. Verbeek, Frankfurt ^{5}1972.

Pädagogisches Lexikon, hrsg. von H.H. Groothoff und M. Stallmann, Stuttgart ^{3}1965.

Pant, Peter, Kindergartengesetz NRW, Köln ^{4}1972.

Parisot, F., J.F. Oberlin, Paris 1905.

Pestalozzi, J.H., Lienhard und Gertrud, in: J.H. Pestalozzi, Sämtliche Werke, hrsg. von W. Seyffarth, Liegnitz 1899, Bd. XI.

Pestalozzi, J.H., Sämtliche Werke, hrsg. von W. Seyffarth, Bd. XI, Liegnitz 1899.

Pestalozzi, J.H., Sämtliche Werke, hrsg. von A. Buderau, E. Sprenger, H. Stettbader, Bd. XIII, Berlin 1932.

Piaget, J. und Inhelder, B., Die Psychologie des Kindes, Freiburg ^{2}1973.

Piaget, J., Theorien und Methoden der modernen Erziehung, Wien 1972.

Portmann, A., Zoologie und das neue Bild des Menschen, Reinbek 1956.

Posche, H. v., Friedrich Fröbels Kindergarten Briefe, Leipzig 1887.

Preyer, W., Die Seele des Kindes, Leipzig 1923.

Preußen, Beiträge zu einer politischen Kultur, hrsg. von M. Schlenke, Hamburg 1981.

Preußen, Zur Sozialgeschichte eines Staates, hrsg. von P. Brandt, Hamburg 1981.

Propyläen-Weltgeschichte, hrsg. von Golo Mann, Bd. VIII, Berlin 1960.

Prüfer, J., Kleinkinderpädagogik, Leipzig 1913.

Prüfer, J., Quellen zur Geschichte der Kleinkindererziehung, Frankfurt 1913.

Psczolla, E., Aus der Geschichte der Evangelischen Kinderpflege, Witten 1954.

Psczolla, E., Louise Scheppler, Mitarbeiterin Oberlins, Witten 1963.

Quellen zur Geschichte der Vorschulerziehung, hrsg. von M. Krecker, Berlin 1971.

Ranke, J.Fr., Die Erziehung und Beschäftigung kleiner Kinder, Düsseldorf 1845.

Reble, A., Geschichte der Pädagogik, Stuttgart ^{5}1971.

Remplein, H., Die seelische Entwicklung des Menschen im Kinder-und Jugendalter, München ^{14}1966.

Richter, H.E., Eltern, Kind , Neurose, Stuttgart 1967.

Richter, H.E., Patient Familie, Reinbek 1972.

Ritzel, W., Rousseau (Artikel) in: Neues Pädagogisches Lexikon, hrsg. von H.H. Groothoff und M. Stallmann, Stuttgart ^{5}1971, Sp. 979ff.

Roeder, P.M., Erziehung und Gesellschaft, Weinheim 1968.

Roeder, P.M., Sprache, Sozialstatus und Schulerfolg, in: b:e , Familienerziehung, Sozialschicht, Schulerfolg, Weinheim ^{4}1974.

Rosemann, H., Intelligenztheorien, Hamburg 1979.

Roth, H., Begabung und Lernen, Stuttgart 1969.

Roth, H., Pädagogische Anthropologie, Bd. I, Bildsamkeit und Bestimmung, Hannover 1966.

Roth, H., Pädagogische Psychologie des Lehrens und Lernens. Hannover ^{7}1963.

Rousseau, Jean Jacques, Emile oder über die Erziehung, übersetzt von Ludwig Schmidts, Paderborn 1972.

Ruppert, H., Die modernen empirischen Methoden und die Pädagogik, Verfahren der empirischen Pädagogik, in: Erziehungswissenschaftliches Handbuch, hrsg. von Th. Ellwein und H.H. Groothoff, Bd. IV, Berlin 1975, S. 314ff.

Salber, L., Entwicklung und Erziehung, in: H.H. Groothoff, Einführung in die Erziehungswissenschaft, Ratingen 1976.

Salber, W., Die Entwicklung der Sprache, in: Handbuch der Psychologie, 1963, Bd. III, S. 447ff.

Scheibe, W., Die reformpädagogische Bewegung, Weinheim 1969.

Schelsky, H., Auf der Suche nach Wirklichkeit, Düsseldorf 1965.

Schelsky, H., Wandlungen der deutschen Familie der Gegenwart, Stuttgart 1953.

Schering, E., J.F. Oberlin, Sternstunde der Sozialpädagogik, Bielefeld 1959.

Scheuerle, H., "Aufklärung" (Artikel), in: Neues Pädagogisches Lexikon, hrsg. von H.H. Groothoff und M. Stallmann, Stuttgart ^{5}1971, Sp. 50ff.

Scheuerle, H., Das Spiel, Weinheim ^{3}1962.

Schlenker, M., Die wirtschaftliche Entwicklung Elsaß-Lothringens, Frankfurt 1931.

Schmalohr, E., Möglichkeiten und Grenzen einer kognitiven Frühförderung, in: Zeitschrift für Pädagogik X, 1970, S. 3ff.

Schmalohr, E., Den Kindern eine Chance - Aufgaben der Vorschulerziehung, München 1971.

Schmalohr und Winkelmann, Über den Einfluß der Übung auf die Entwicklung der Mengen und Substanzerhaltung bei Kindern, in: Zeitschrift für Entwicklungspsychologie und pädagogische Psychologie, Bd. I, 1969, S. 15ff.

Schmalohr, E., Zur Forschung im Bereich frühkindlicher Entwicklung und Förderung, in: R. Dollase: Handbuch der Früh- und Vorschulpädagogik, Bd. 1, Düsseldorf 1978, S. 65-91.

Schmoock, P., Das Kind in der Lerngesellschaft. Neue Aspekte der Vorschulerziehung (Vorschul-Konferenz 1969), Köln 1970.

Schrader-Breymann, H., Der Kindergarten als Vorbereitung für das Leben, Berlin 1894.

Schraepler, E., Quellen zur Geschichte der sozialen Frage, Göttingen 1955.

Schultze, W., Die Diskussion um die Vorschulerziehung und das Frühlesen, in: Zur Situation der Vorschulerziehung, Schriften des Pestalozzi-Fröbel-Verbandes, hrsg. von M. Stahl, Heidelberg 1968, S. 64ff.

Schultze, W., Die Vorschulerziehung in der Diskussion. Eine Zwischenbilanz der Reformbestrebungen in der Bundesrepublik Deutschland, in: Internationale Zeitschrift für Erziehungswissenschaft, 1970, S. 23ff.

Schulz-Benesch, G., Der Streit um Montessori, Freiburg 1961.

Schwabe, J.F.H., Die Bewahr- und Kleinkinderschule. Neustadt an der Orla ^{2}1834.

Schwarz, F.H.Chr., Erziehungslehre, Augsburg ^{2}1827.

Schwerdt, D., Vorschulerziehung, Paderborn 1975.

Schwittmann, D., Artikel "Motivation", in: Neues Pädagogisches Lexikon, hrsg. von H.H. Groothoff und M. Stallmann, Stuttgart ^{5}1971, Sp. 761.

Snyders, G., Die große Wende der Pädagogik, Paderborn 1971.

Spitz, R.A., Hospitalismus, in: Erziehung in früher Kindheit, hrsg. von G. Bittner und E. Schmidt-Cords, München ^{5}1973, S. 77ff.

Stahl, M., Bericht über die Vorschulerziehung in der Bundesrepublik Deutschland, in: Blätter des Pestalozzi-Fröbel-Verbandes, 1971, S. 171ff.

Stahl, M., Zur Situation der Vorschulerziehung, Heidelberg 1968.

Stegmann, F.J., Geschichte der sozialen Ideen im deutschen Katholizismus, in: Geschichte der sozialen Ideen in Deutschland, Deutsches Handbuch der Politik, hrsg. von W. Gottschalch, F. Karrenberg und F.J. Stegmann, Bd. 3, München 1969.

Stephan, G., Die häusliche Erziehung in Deutschland, Wiesbaden 1891.

Sticker, A., Theodor-Fliedner Quellen. Kindernot und Kinderhilfe vor 120 Jahren, Witten 1958.

Strukturplan für das Bildungswesen, Deutscher Bildungsrat. Gutachten und Studien der Bildungskommission, 22., Stuttgart 1970.

Tiedemann, D., Beobachtungen über die Entwicklung der Seelenfähigkeiten bei Kindern, in: Hessische Beiträge zur Gelehrsamkeit und Kunst, 1787.

Tugendreich, G., Die Kleinkinderfürsorge, Stuttgart 1919.

Treue, W., Ponick, H. und Manegoll, K.H., Quellen zur Geschichte der industriellen Revolution, Göttingen 1966.

Uhle, B., Sprache und Schicht, Frankfurt ^{2}1975.

Ulshoefer, H., Die Zukunft des Kindergartens, in: Unsere Jugend, 1970, S. 146ff.

Ussel, J.v., Die Kleinfamilie, in: Familiensoziologie, hrsg. von D. Claessen und P. Milhoffer, Frankfurt 1974.

Vom Werden und Wirken des Deutschen Caritasverbandes, zu seinem 60. Bestehen, Freiburg i.Br. 1957.

Vorschule, Curriculare Entwürfe für den Elementarbereich aus bundesrepublikanischer und anglo-amerikanischer Sicht. - Eine Dokumentation - hrsg. von G. Kleinschmidt, Institut für Bildungsplanung und Studieninformation, Stuttgart und Freiburg 1973.

Vorschulerziehung, hrsg. von K. Meiers, Heilbrunn 1971.

Vorschulische Erziehung, Probleme und Initiativen, hrsg. vom Deutschen Bundestag, Wissenschaftliche Dienste, Materialien, Nr. 27, Bonn 1971.

Weber, A., Die Geschichte der Volksschulpädagogik und der Kleinkindererziehung mit besonderer Berücksichtigung der Letzteren, Eisenach 1877.

Weber, E., Pädagogik, Eine Einführung, Donauwörth ^{5}1974.

Weber-Kellermann, J., Die deutsche Familie, Versuch einer Sozialgeschichte, Frankfurt 1974.

Wehrmann, V., Die Aufklärung in Lippe, Detmold 1972.

Weigert, L., Neue Erziehungsgedanken in Rom, in: Kindergarten, 53. Jg., Berlin 1912, S. 149-153.

Wentzel, H., Ad infantiam Christi - Zur Kindheit unseres Herrn, in: Das Werk des Künstlers, hrsg. von Hans Fegers, Stuttgart 1960, S. 134ff.

Werder, L. v., Was kommt nach den Kinderläden, Berlin 1977.

Wertheimer, J., Über die frühzeitige Erziehung der Kinder und die englischen Kleinkinderschulen oder Bemerkungen über die Wichtigkeit, die kleinen Kinder der Armen im Alter von anderthalb bis sieben Jahren zu erziehen - nebst einer Darstellung der Spitalfielder Kleinkinderschule und des daselbst eingeführten Erziehungssystems von S. Wilderspin, Wien 1826.

Wichern, J.H., Die Innere Mission der deutschen evangelischen Kirche, eine Denkschrift an die deutsche Nation, eine Anfrage des Zentralausschusses für die Innere Mission, verfaßt von J.H. Wichern (Neuausgabe), Hamburg 1948.

Wilderspin, J.S., Über die frühzeitige Erziehung der Kinder und der englischen Kleinkinderschulen, übersetzt von J. Wertheimer, Wien 1826.

Winnefeld, F., Psychologische Analyse des pädagogischen Lernvorgangs, in: Pädagogische Psychologie, hrsg. von F. Weinert, Köln ^{6}1970, S. 51-69.

Wirth, J.G., Mitteilungen über Kleinkinderbewahranstalten und aus denselben sowie über Kleinkinderschulen und Rettungsanstalten für verwahrloste Kinder. Ein Handbuch für Vorsteher und Vorsteherinnen solcher Anstalten, besonders aber auch für Frauenvereine, dann für Freunde des Erziehungswesens überhaupt, Augsburg 1840.

Wogatzki, R., Wandel und Perspektiven der Vorschulerziehung, in: Niedersächsisches Ärzteblatt, April 1969, S. 160ff.

Wolff, S., Kinder in Bedrängnis, Stuttgart 1971.

Wolke, Chr. H., Anweisung für Mütter und Kleinkinderlehrer, die es sind oder werden können, zur Mitteilung der allerersten Sprachkenntnisse und Begriffe, von der Geburt des Kindes an bis zur Zeit des Lesenlernens, Leipzig 1805.

Wolke, Chr. H., Kurze Erziehungslehre, Leipzig 1805.

Wurzbacher, G., Die Familie als Sozialisationsfaktor, Stuttgart 1968.

Zorell, E., Vorschulerziehung im Kindergarten. Geschichtlicher Aspekt Teil I, in: Blätter des Pestalozzi-Fröbel-Verbandes 24 (1973), H. 5, S. 148-155; Teil II, in: Blätter des Pestalozzi-Fröbel-Verbandes 24 (1973), H. 6, S. 161-173.

Zimmer, J., Sozialpädagogische Kennzeichen von Kindergärten, in: H. Mörsberger, Der Kindergarten, Bd. 1, Freiburg 1978, S. 232-241.

"Zweiter Familienbericht", des Bundesministeriums für Jugend, Familie und Gesundheit, Bonn - Bad Godesberg 1975.

Personenregister

Aristoteles 12, 13, 149
Augustinus 13

Basedow, J.B. 51, 59
Bernstorf, G. v. 49
Bettelheim, B. 164
Bissing-Beerberg, F. v. 84, 87ff.
Bloom, B.S. 132, 133
Bronfenbrenner, U. 171
Brougham 38

Campe, J.H. 25, 51
Chodowiecki, D. 52
Clarence, H. v. 38
Clemens von Alexandrien 14
Comenius, J.A. 29
Corell, W. 169

Descartes 16
Donan, G. 134

Erasmus von Rotterdam 14

Fechner-Mahn, A. 169
Fichte 50

Fliedner, Th. 82ff., 87
Flitner, A. 132
Freud, A. 164
Freud, S. 101
Fröbel, F. 28, 60ff., 75, 76ff., 98, 115ff., 165, 170, 172, 177

Grohmann, J.Chr.A. 25
Grotius 16, 17

Heckhausen, H. 133, 134, 142, 143
Helmig, H. 107
Hesekiel, J. 84, 85
Hobbes 16, 17
Hoffmann, H. 53
Hufenfeld, St. zu 52
Humboldt, W. v. 50

Key, E. 92ff., 99
Kolping, A. 86

Landsdown, M. v. 38
Langbehn, J. 93
Lange, H. 94
Lehr, U. 156

Leibnitz 16
List, F. 50
Locke, J. 16, 17
Lückert, H.R. 134, 169

Middendorf, W. 74ff.
Milde, V.E. 91
Montessori, M. 91, 102,
    103ff., 106, 110, 170,
    171, 177
Moritz, K.Ph 25

Neidhard, F. 153, 156

Oberlin, F. 29ff., 34, 39,
    160, 177
Owen, R. 29, 34ff., 160,
    177

Pauline zu Lippe-Detmold
    39ff., 53, 55
Pestalozzi, J.H. 27ff., 50
Piaget, J. 135, 146, 137,
    158, 168

Roth, H. 140

Rousseau, J.J. 19, 20ff.,
    99, 100, 178, 179

Salzmann, Ch.G. 51, 52, 53
Scheppler, L. 32, 33
Schmidt, K. 58
Schorrer, St. 90
Schrader-Breymann, H. 89
Schwarz, F.H.Chr. 25, 26
Simrock, K. 53
Skinner, B.F. 141
Spinoza 16
Stein, F.v. 50
Stöber, A. 53

Tiedemann, D. 24, 25
Trapp, 25, 51

Wadzech, F. 55
Wenzel, K. 25
Werthmann, L. 91
Wilson, J. 38
Wolff, S. 164
Wolke 51, 53ff.

Sachregister

Aufklärung 16, 17, 18, 51, 117, 178
Aufsichtsschulen 49

Bürgerkindergärten 77

Caritas 86
christliche Kleinkinderschule 88

Deismus 17
direkte Erziehung 23

Entwicklungspsychologie 19, 23ff., 100ff., 129ff., 160, 179
Erbsünde 17, 23
Erzieherin 125
ev. Kleinkinderschule 82

Fachhochschulen für Sozialarbeit und Sozialpädagogik 125
Fachschulen für Sozialpädagogik 125
Frauenarbeit 47
Frauenbewegung 79, 94
Fröbel-Vereine 80, 117

Grundgedanken der Reformpädagogik 92, 95ff.

Hospitalismus 149

indirekte Erziehung 23
Industrialisierung 41ff.
Infant-School 36, 38
Innere Mission 84ff.
Intelligenz 133, 168
Intelligenzforschung 132, 153, 168
Interaktionstheorie 135, 136, 137, 163, 168

Jugendhilfe 126

Kinderarbeit 47
Kindergärtnerinnenausbildung 124
Kinderpsychologie 19, 23ff., 99, 100ff., 164, 165, 174, 176, 179, 180
Kinderschutzgesetze 48
Kompensatorische Erziehung 150, 152, 169, 170, 172
Kult "ad infantam Christi" 15

Lernpsychologie 138, 139, 140, 144, 168

Metaphysik 16
Montessori-Kinderhaus 106ff.
Montessori-Material 106ff., 171
Motivation 69, 105, 141, 142, 143, 144

Näh- und Strickschulen 31
Naturalismus 94

Oberlinverein 82ff., 87

Pädagogische Bewegung vom Kinde aus 92ff., 96ff.
Pädagogik "vom Stoffe aus" 96
Pampaedia 29
patriarchalische Struktur 44ff.
Pestalozzi-Fröbel-Verband 123
Philantropen 52
Polarisation der Aufmerksamkeit 108
Psychoanalytische Forschung 164

Reformpädagogik 104, 106
Reichsschulkonferenz 114, 116ff.

Säkularisierung 17
Schulkindergarten 113
Sozialpädagogen 125
Sozialarbeiter 125

Sozialisationsforschung 145, 146, 147, 149, 150, 152, 153, 154, 155, 156, 160, 162, 166
Spielschulen 29
Spirallehrplan 133
Städteordnung 41
ständische Gesellschaft 45
Strukturplan 127
Subsidaritätssystem 127

Taktile Stimulation 156
Theorie des Wachsenlassens 101
Tiefenpsychologische Forschungen 123ff., 160

Vereinigter Thüringer Lehrerkreis 74
Volksbildung 49
Vorklassen 114ff.

Wohnstubenerziehung 27ff.

Zentralverband katholischer Kindergärten und Kinderhorte 90ff.
Zwillingsforschung 130

Zeittafel

Pädagogik	allgemeine Pädagogik/Psychologie	Geschichte
(Vorschulische Erziehung)		(politisch, sozial, wirtschaftlich)
Johann Amos Comenius (1592 - 1670)		30-jähriger Krieg (1618 - 1648)
John Locke (1632 - 1704)	Immanuel Kant (1724 - 1804)	18. Jahrhundert: Zeitalter der Aufklärung
Jean Jacques Rousseau (1712 - 1778)	Philantropen: Johann Bernhard Basedow (1724 - 1790)	1762 Rousseaus "Contrat Social"
	Johann Heinrich Campe (1746 - 1818)	1769 Erfindung der Dampfmaschine (James Watt)
	Ernst Christian Trapp (1745 - 1818)	
ab 1770 Gründung von Kleinkinderschulen mit Ausbildungsstätten von Mädchen zu Kinderwärterinnen im Steintal (Elsaß) durch Johann Friedrich Oberlin	Friedrich Eberhard Rochow (1734 - 1805)	
	1. Blütezeit der Kinderpsychologie (in der Nachfolge Rousseaus)	1786 Erfindung des mechanischen Webstuhls (Cartwright)
	Dietrich Tiedemann, "Über die Entwicklung der Seelenfähigkeit bei Kindern" 1787	1789 Französische Revolution

1802	Gründung einer "Aufbewahrungsanstalt" mit einer Ausbildungsstätte für Kinderwärterinnen durch Pauline v. Lippe-Detmold	Johann Heinrich Pestalozzi (1746 - 1827)
1807		Beginn der Steinschen Reformen
1809	Gründung der "infantschool" durch Robert Owen in New Lanartz (Schottland)	
1818		Harkorts erste Maschinenfabrik
ab 1815	verstärkte Ausbreitung der vorschulischen Einrichtungen in Deutschland	
1825		Erste deutsche Technische Hochschule in Karlsruhe
1830		Juli-Revolution in Frankreich
1834		Gründung des Zollvereins
1835		Erste deutsche Eisenbahn
1836	Gründung der ersten Ausbildungsstätte für "Kinder-Diakonissen" durch Friedrich Fliedner in Kaiserswerth bei Düsseldorf	
1844		Weber-Unruhen in Schlesien
Friedrich Fröbel (1782 - 1852)		Johann Friedrich Herbart (1776 - 1841)
1837	Gründung des ersten "Kindergartens" durch Friedrich Fröbel in Blankenburg (Thüringen)	
1848		Februar-Revolution in Frankreich
1848/49		Nationalversammlung in Frankfurt
	Gründung des "Fröbel-Vereins" in Berlin (1859)	

207

Seit 1848	Ausbreitung der "Evangelischen Kinderpflege" als Maßnahme der "Inneren Mission" (Johann Hinrich Wichern)	
	Gründung des Zentral-Komitees der Oberlin-Vereine (1871)	1851 Erste Weltausstellung in London
Seit 1897	Verstärkte Ausbreitung der katholischen Kindergärten als Maßnahme der "Caritas" (Lorenz Werthmann)	Herbartianer: Tuishon Ziller (1817 – 1882) Wilhelm Rein (1847 – 1929)
		1869 – 1873 "Gründerjahre" 1871 Gründung des Deutschen Reiches 1885 erste Autos von Daimler und Benz 1895 Röntgenstrahlen entdeckt
	Gründung des Zentralverbandes katholischer Kinderhorte (1912)	um 1900 Pädagogik "vom Kinde aus" Ellen Key (1849 – 1926)
	Maria Montessori (1859 – 1933)	Jugendbewegung: Wandervogel (1898)
1907	Eröffnung des 1. Montessori "Kinderhauses" in Rom	1890 – 1914 "Wilhelminische Ära" (Wilhelm II. 1849 – 1941) Zunehmende Industrialisierung Deutschlands
1919	Eröffnung des 1. Montessori "Kinderhauses" in Berlin	

Seit 1919	Ausbreitung der Montessori "Kinderhäuser" in Deutschland		(Aufbau der Schwer-, Elektro- und chemischen Industrie)
1919	Gründung des "Montessori-Kommitees"	Kunsterziehungsbewegung: Alfred Lichtwark (1852 – 1914)	
1920	Reichschulkonferenz: Beschluß der Gründung von "Schulkindergärten"	Landerziehungsheimbewegung: Hermann Lietz (1868 – 1919)	1914 – 1918 1. Weltkrieg
		Peter Petersen (1884 – 1952)	1919 – 1933 Weimarer Republik
		Antroposophie: Rudolf Steiner (1861 – 1925)	Entwicklung des Tonfilms (1919)
			1. Rundfunksendungen (1923)
		Arbeitsschulbewegung: Georg Kerschensteiner (1854 – 1932)	1923 Inflation
			1925 1. Fernsehversuche
		Hugo Gaudig (1860 – 1920)	1929 Weltwirtschaftskrise
		2. Blütezeit der Kinderpsychologie Wilhelm Preyer (1841 – 1897) John Dewey (1859 – 1923)	

1934	Verbot der Montessori "Kinderhäuser" und der "Waldorf-Schulen" und "Waldorf-Kindergärten"	1933 - 1945	Gleichschaltung der pädagogischen Jugendarbeit
		1933 - 1945	NS-Herrschaft in Deutschland
1934	Auflösung des "Deutschen Fröbel-Verbandes"	1939 - 1945	2. Weltkrieg
		1945	1. Atombombe
Nach 1945	Neuaufbau der vorschulischen Erziehung		
1948	Neugründung des Pestalozzi-Fröbel-Verbandes	1949	Gründung der Bundesrepublik Deutschland, verstärkter wirtschaftlicher Wiederaufbau insbesondere in den 50er Jahren
	Neugründung von Montessori-Kinderhäusern, Waldorf-Kindergärten und Kindergärten, deren Träger die Innere Mission, Caritas, Arbeiterwohlfahrt, das Deutsche Rote Kreuz, die Städte, Gemeinden, Betriebe und Privatpersonen sind.	1953	Deutscher Ausschuß für das Erziehungs- und Bildungswesen
		1957	Sputnik I und II

1961	Verabschiedung des Jugendhilfegesetzes: Kindergärten bleiben sozialpädagogische, außerschulische Einrichtungen	1965	Deutscher Bildungsrat Erziehungswissenschaftliche Reformkonzeptionen
		1969	Erste Landung eines Menschen auf dem Mond, seither verstärkte Entwicklung im Bereich der Raumfahrt, Atomenergie, Elektronik, Kybernetik und Biochemie
seit 1970	zunehmende wissenschaftliche Diskussion über die Bedeutung der Vorschulischen Erziehung	1970	Strukturplan des Bildungsrates